uga

História da Igreja Anglic:

até à
idade

Fidele Dirokpa Balufuga

História da Igreja Anglicana do Congo desde as suas origens até à atualidade

ScienciaScripts

This book is a translation from the original published under ISBN 978-3-8416-1832-0.

Publisher:
Sciencia Scripts
is a trademark of
Dodo Books Indian Ocean Ltd. and OmniScriptum S.R.L publishing group

120 High Road, East Finchley, London, N2 9ED, United Kingdom
Str. Armeneasca 28/1, office 1, Chisinau MD-2012, Republic of Moldova, Europe

ISBN: 978-620-3-25567-6

Índice:

HISTÓRIA DA IGREJA ANGLICANA DO CONGO

Das origens à atualidade.

Por

Dr. DIROKPA BALUFUGA Fidèle

DEDICAÇÃO

Em memória do Reverendíssimo Michael Scott-Joynt, Bispo de Winchester, pela sua enorme ajuda à Igreja Anglicana do Congo (EAC): a sua amizade e o seu apoio espiritual e pastoral aos líderes da EAC, bem como a sua considerável ação na Câmara dos Lordes (Parlamento britânico), onde chamou frequentemente a atenção do Governo para as atrocidades e injustiças cometidas durante os anos de guerra na República Democrática do Congo (RDC).

A Diocese de Winchester (Inglaterra), que está em parceria com a Igreja do Uganda, designou o seu *Decanato de Jersey* para estabelecer uma parceria com a EAC. Cada diocese da EAC está assim geminada com uma ou mais paróquias do Decanato de Jersey (ilha britânica do Canal da Mancha).

AGRADECIMENTOS

A elaboração deste trabalho exigiu a colaboração de várias pessoas singulares e colectivas, bem como de vários trabalhos escritos. Gostaríamos de expressar a nossa gratidão a todos eles, mesmo que os seus nomes não constem da lista que se segue.

Tivemos a oportunidade de encontrar pessoas eminentes, como os primeiros padres anglicanos congoleses, os Reverendos Asani Kabarole e JusuiU Limenya, depois Thomas Ndahura, etc., que foram catequistas de Apolo Kivebulaya e outras pessoas que o frequentavam. Tivemos também várias oportunidades de encontrar o primeiro Arcebispo reformado da Igreja do Uganda, Burundi, Ruanda e Mboga-Congo, D. Leslie Wilfrid Brown, bem como o primeiro Bispo da Diocese de Mboga-Congo, D. Philip Ridsdale e a sua esposa Lucy, que contribuíram largamente para a redação do livro "African Saint, The Story of Apolo Kivebulaya", o Ven. Cónego Munege Kabarole, Arquidiácono de Bunia, etc. As nossas conversas sobre o anglicanismo têm sido uma fonte real e consistente de informação e formação para nós também sobre esta Igreja. Esta informação foi enriquecida e completada pelos nossos estudos universitários. Que eles recebam os nossos sinceros agradecimentos, a título póstumo, no seu lugar de descanso eterno.

Os nossos sinceros agradecimentos também a todos aqueles que aceitaram ler este trabalho e que me encorajaram muito ao longo da redação da *História da Igreja Anglicana do Congo*. Gostaria de mencionar aqui alguns deles: O Reverendo Padre David Vignot, Monsenhor Pierre Walon que também prefaciou este trabalho, Judy Rous, diretora da Associação da Igreja do Congo (CCA), o Reverendo Venerável Jacques Atoko e o Venerável Jean Marie Kithoko Kabange. Muito obrigado pela sua dedicação e amor, bem como pelo seu encorajamento, conselhos, comentários, etc., neste trabalho.

Do fundo do coração, gostaríamos de exprimir os nossos sinceros agradecimentos aos eminentes Professores Universitários que disponibilizaram o seu tempo para ler, corrigir e orientar este trabalho, em particular o Dr. Valérien Dhedya Bungande, Doutor em Letras e Ciências Humanas, Professor Ordinário na Universidade de Kisangani, e o Dr. Jacques Usungo, Doutor em História e Professor no Instituto Superior de Pedagogia em BUKAVU, que leram este trabalho com o verdadeiro profissionalismo de um historiador comprovado.

Os nossos agradecimentos vão também para todos os Bispos e Chefes de Departamento e outras pessoas que gentilmente responderam aos nossos questionários, entrevistas e nos facultaram alguns documentos de apoio a este trabalho, etc. A todos eles o nosso sincero agradecimento. Que todos recebam a nossa sincera gratidão.

Os nossos sinceros agradecimentos vão também para a minha família, a minha mulher, os meus filhos e outros conhecidos, que nos apoiaram e encorajaram, moral, espiritual e financeiramente, durante todo o processo de escrita, para garantir o nosso sucesso.

Que todos aqueles que contribuíram, de perto ou de longe, e que apoiaram, de uma forma ou de outra, este trabalho científico, encontrem aqui os nossos sentimentos de gratidão e que Deus vos abençoe.

Fai em Kinshasa, 17 de outubro de 2016.
++ Dr. Dirokpa BalufUga Fidèle
Arcebispo emérito da Igreja Anglicana do Congo.

PREFÁCIO

Prefácio a *"L'HISTOIRE DE L'ÉGLISE ANGLICANE DU CONGO: Des ses origines à nos jours"*, de Monseigneur Fidèle Dirokpa Balufuga.

A Comunhão Anglicana é atualmente a terceira maior igreja do mundo, com cerca de 90 milhões de membros. Embora seja frequentemente associado apenas à Igreja Anglicana, que está na origem deste fenómeno cristão mundial, o inglês já não é a *língua franca*. A cultura anglo-saxónica dos primeiros missionários, da Grã-Bretanha ou da Igreja Episcopal sediada nos Estados Unidos da América, já não é a regra. Diz-se que o "anglicano médio" é, de facto, uma mulher de cor, com menos de trinta anos, que não fala inglês. O espanhol, o português e o swahili estão entre as línguas utilizadas em muitos países com igrejas e dioceses anglicanas.

E também em francês. Existem atualmente quatro milhões de anglicanos de língua francesa no mundo. A maior parte das igrejas anglicanas que os servem não foram fundadas por anglo-saxónicos. Pelo contrário, foram evangelizadas e fundadas por missionários de outras igrejas anglicanas.

É o caso da Igreja Anglicana no Congo. ᵉNo final do século XIX, um ugandês, Apolo Kivebulaya, foi de Toro (Uganda) a Mboga (Congo) para pregar o Evangelho, ensinar a fé cristã e formar evangelistas anglicanos. A partir desta semente espiritual, tão pequena como um grão de mostarda, cresceu a grande Igreja que hoje conhecemos.

O Arcebispo Fidèle Dirokpa Balufuga, Arcebispo Emérito da Igreja Anglicana do Congo e Doutor em Teologia pela Universidade Laval do Quebeque/Canadá, assumiu a grandiosa tarefa de escrever a sua história. Conhecedor do seu objeto de estudo, o Arcebispo escreve num estilo elegante e simples, dando vida ao passado com vista ao futuro. O que o leitor descobrirá em *L'HISTOIRE DE L'ÉGLISE ANGLICANE DU CONGO* é uma epopeia maravilhosa, cheia de sofrimentos e de mártires, mas também, como um fio condutor, magníficos testemunhos de vida de santos formados pela Igreja do Congo. Com meios escassos, sofrendo muitas vezes com o facto de não falarem inglês, através de uma feroz opressão colonial, guerras intermináveis e revoluções abortadas, os anglicanos congoleses construíram, no entanto, paróquias, instituições de caridade, escolas, universidades e doze dioceses, agora em ambos os Congo.

Para além dos leitores cristãos, que se inspirarão nela, os historiadores e outros especialistas académicos encontrarão nesta obra uma rica fonte de relatos e dados. Porque esta obra é inédita: ninguém se aventurou nela antes do Bispo Dirokpa. *A história* completa do país é pouco conhecida e, por isso, *A HISTÓRIA DA IGREJA ANGLICANA DO CONGO* será indispensável durante muito tempo para todos aqueles que desejam conhecer o passado deste enorme país.

No futuro, segundo as previsões de economistas e futurologistas, a República Democrática do Congo e a República do Congo constituirão, em conjunto, o coração pulsante desta África que se está a tornar o centro da economia mundial. Dotados de recursos naturais extraordinários, de um povo cada vez mais instruído graças aos esforços das igrejas e de uma posição geográfica central, os dois Congos deverão registar um enorme crescimento nos próximos anos.

Isto requer, em primeiro lugar, uma base moral popular, cujas bases estão atualmente a ser lançadas pelas igrejas congolesas, em particular.

A Igreja Anglicana do Congo está na linha da frente destes esforços. Juntamente com a Igreja Católica Romana, está a liderar a campanha "Paz nos Grandes Lagos", que está a trabalhar para a paz no leste do Congo com os países vizinhos. A Igreja oferece cuidados médicos e espirituais às mulheres vítimas de abusos sexuais, uma arma de guerra utilizada pelos rebeldes invasores. Presta uma ajuda inestimável aos refugiados que fogem da instabilidade política nos seus próprios países. A sua credibilidade junto do povo congolês é sólida, tendo sido construída ao longo de décadas de esforço sustentado.

Quem quiser ter um vislumbre do futuro deste grande país faria bem em ler e estudar *A HISTÓRIA DA IGREJA ANGLICANA DO CONGO*.

Bispo Pierre Whalon
Bispo encarregado das Igrejas Episcopais na Europa
Presidente da rede francófona da Comunhão Anglicana

PREÂMBULO

Consideramos necessário, para seguir a história da Igreja Anglicana "Ecclesia Anglicana", a Igreja de Inglaterra, na República Democrática do Congo, um país francófono, antes de mais, explicar brevemente aos leigos, e mesmo à maioria dos anglicanos congoleses que não conhecem a sua história, o que é o "anglicanismo", desde as suas origens em Inglaterra e os vários acontecimentos que atravessou até se tornar hoje uma Igreja internacional e universal.

O objetivo deste percurso histórico é também explicar como é que esta Igreja dos Ingleses foi introduzida em África, e mais especificamente na República Democrática do Congo.

INTRODUÇÃO

A História, ciência que permite compreender o passado humano, analisa as origens e a evolução dos acontecimentos ao longo do tempo. Destaca igualmente as pessoas ou os actores que, de uma forma ou de outra, influenciaram o desenrolar dos acontecimentos, bem como as suas obras e o seu impacto. Para tal, é sempre essencial basear as análises em provas irrefutáveis recolhidas em todo o lado, como ilustrações fotográficas ou outras provas irrefutáveis.

Enquanto memória da humanidade ou de qualquer grupo, a história só é útil quando informa e educa a posteridade sobre um assunto importante que lhe diz respeito. É o caso da história da Igreja Anglicana do Congo, que deverá fornecer informações sobre as origens, a evolução e o impacto desta comunidade religiosa na República Democrática do Congo.

ᵉ Infelizmente, a Igreja Anglicana do Congo, que celebrará este ano o seu 120º aniversário, não dispõe ainda de um documento de grande envergadura que contenha a sua história num compêndio único e de fácil consulta. Claro que temos livros de história escritos pelos missionários sobre Apolo Kivebulaya e as suas actividades (1896-1933) e sobre a era dos missionários europeus (1933-1960). No entanto, após a independência da República Democrática do Congo, a Igreja Anglicana passou a ser dirigida por líderes nacionais, e ainda não existem livros de história sobre a Igreja Anglicana no Congo, cobrindo o período de 56 anos, de 1960 a 2016. Apenas os rudimentos da história desta Igreja podem ser encontrados em teses de doutoramento, dissertações de licenciatura e pós-graduação, artigos em revistas, jornais ou outras publicações, folhetos, etc., o que nem sempre satisfaz quem quer realmente conhecer a história do anglicanismo, porque é apenas uma parte da história que é apresentada. Neste livro, tentamos reunir diferentes informações históricas de várias fontes num único documento, que será de fácil consulta para os interessados na história da Igreja Anglicana no Congo.

Para evitar os riscos associados à distorção dos relatos históricos pelo desgaste da memória e o desaparecimento dos vestígios após a morte dos actores e das testemunhas, a preservação eficaz dos factos históricos é geralmente feita por escrito e gravada em suportes magnéticos e outros. É por esta razão que decidimos escrever a história da Igreja Anglicana do Congo, a fim de fornecer às gerações actuais e futuras informações essenciais sobre esta comunidade religiosa.

Dizem que a história é a escola da vida. Mostra-nos exemplos a imitar e experiências a evitar. No caso específico do livro de história da Igreja Anglicana do Congo, permite aos leitores :

- Explicar as origens, a evolução e o impacto desta Igreja ao longo das diferentes etapas da sua história, a fim de perspetivar formas e meios de avançar;
- Analisar o trabalho realizado pelos pioneiros e procurar fazer o mesmo, com vista a um melhor estabelecimento da comunidade anglicana em todos os cantos e recantos da República Democrática do Congo;
- Dominar a história anglicana para corrigir os erros e as fraquezas do passado: estimular o compromisso comum no seio da Igreja;
- Proporcionar aos membros da comunidade anglicana do Congo e de outros países, aos investigadores e aos curiosos de todos os quadrantes, um instrumento de consulta fácil, disponível nas várias dioceses e paróquias do país, nas bibliotecas e noutros locais onde se conservam obras e arquivos.

A história da Igreja Anglicana no Congo divide-se em duas épocas principais. Cada época divide-se ainda em dois períodos, cada um dos quais se estende por mais ou menos trinta anos:

Primeira Era: *A Igreja Anglicana de Mboga: da liderança dos missionários à independência do Congo (1896-1960)*

A. Apolo Kivebulaya (1896-1933) e o estabelecimento da Igreja Anglicana no Congo Belga
B. Os missionários europeus e a consolidação da obra de Apolo Kivebulaya (1933-1960)

Segunda Era: *A Igreja Anglicana do Congo sob a direção de funcionários congoleses (1960-2016)*

A. A ascensão da Igreja Anglicana no Congo: da independência ao centenário da fundação da Igreja (1960-1996)
B. A influência das obras evangélicas após o centenário (1996-2016)

Para escrever este livro, recorremos a várias fontes e recursos fiáveis: dioceses, parceiros, livros, obras publicadas e inéditas, arquivos, folhetos, entrevistas, documentos iconográficos, as nossas próprias experiências pessoais, etc. O seu único objetivo é fornecer à Igreja Anglicana do Congo um documento histórico sólido para que possa ser ela própria e sentir-se à vontade nos debates, nos ensinamentos, na prestação de informações a outros, etc.

ANGLICANISMO

1. Etimologia

Para compreender o "Anglicanismo em África", é preciso primeiro compreender a "Igreja de Inglaterra", porque o Anglicanismo está intimamente ligado à história da Igreja de Inglaterra. Os termos "anglicano"(1) e "anglicanismo" provêm da palavra latina *Anglicanus*, que significa *inglês* e é traduzido para francês como "inglês". O nome *Ecclesia Anglorum* (Igreja dos Ingleses) provém do Papa Gregório Magno, que o utilizou numa carta ao seu bispo Agostinho da Cantuária, por volta do início do século V. O nome *Ecclesia Angliae* (Igreja de Inglaterra) remonta ao tempo de Anselmo da Cantuária, no final do século XI.

A expressão *Ecclesia Anglicana* era comummente utilizada na correspondência a partir de meados do século XII. Foi traduzida para inglês como a Igreja de Inglaterra.

Quanto ao termo "anglicano", refere-se a uma "tribalização" da fé, uma vez que originalmente significa "inglês". Neste sentido, o anglicanismo não é outra coisa senão a expressão da Santa Igreja Católica e Apostólica na cultura inglesa. A espiritualidade, o culto, a leitura da Bíblia, etc., são traços caraterísticos da cultura inglesa que não são necessariamente familiares aos africanos.

Por conseguinte, o nome "Igreja Anglicana do Congo" significaria simplesmente "a Igreja dos ingleses no meio congolês". No que diz respeito ao anglicanismo congolês, falamos de "L'Eglise anglicane du Congo" e não de "Eglise anglicane au Congo". A utilização do nome "Anglicana" e do artigo contraído "du" em vez da preposição "au" foi decidida pelo Conselho Executivo da Igreja Anglicana do Congo, realizado em 1992 em Bunia, na altura em que o Conselho estava a discutir a mudança de nome da Igreja Anglicana para Igreja Episcopal. A ideia é que não é a Igreja dos ingleses que está a ser transferida para o Congo, mas sim uma Igreja congolesa que partilha a doutrina da Igreja tal como interpretada pela reforma anglicana. Além disso, em muitos países afectados pelo anglicanismo, a expressão "Igreja Anglicana" é utilizada para apagar a conotação de uma Igreja estrangeira, sobretudo inglesa .

Anglicanismo, como defende o Cónego Jacques Brossière (2). O que os congoleses chamam de " Igreja Anglicana do Congo " é também chamado de "Igreja Episcopal do Congo".

Estados Unidos", "Igreja Episcopal do Sudão", "Igreja Episcopal do Ruanda", "Igreja Episcopal do Brasil", "Igreja Episcopal do Haiti", etc. Em Inglaterra, esta igreja não se chama Igreja Anglicana, mas sim Igreja de Inglaterra, assim como a Igreja do Uganda, a Igreja da Índia, etc. No Japão, o anglicanismo chama-se "A Santa Igreja Católica do Japão". Apesar desta diversidade de nomes, todos os membros do anglicanismo se reconhecem como anglicanos.

[e]Assim, enquanto o anglicanismo originalmente dizia respeito apenas à Igreja de Inglaterra, desde o desenvolvimento da Comunhão Anglicana com o imperialismo colonial do século XVIII, o anglicanismo deixou de ser identificado com a história de Inglaterra. No entanto, conseguiu preservar a sua tradição e espalhar-se por todo o mundo.

2. A Comunhão Anglicana

É um grupo de Igrejas nacionais ou regionais, também chamadas "Províncias" [Eclesiásticas, com um arcebispo primaz à cabeça], cuja sucessão de bispos teve origem na Igreja primitiva através da Igreja de Inglaterra. Estas províncias, reunidas em torno da Sé de Cantuária, estão em comunhão umas com as outras e o Arcebispo de Cantuária exerce o ministério da presidência à sua frente. Ele simboliza a unidade, a união e a coesão da Igreja de Inglaterra em todo o mundo.

Existem atualmente 38 províncias [províncias eclesiásticas dirigidas por Arcebispos Primaz] e mais de 90 milhões de anglicanos, incluindo mais de 4 milhões de anglicanos francófonos, espalhados por cerca de 165 países em 192 países em todo o mundo.

Relativamente às origens da "Comunhão Anglicana" (3), é de referir que o cristianismo existe na Grã-Bretanha desde o século I d.C.. Foram recentemente encontrados vestígios cristãos que remontam ao século II d.C. A jovem e florescente Igreja na Grã-Bretanha enviou representantes ao Concílio de Arles (sul de França), realizado em 319 d.C.

Após a conquista do país pelos anglo-saxões pagãos do norte da Europa, a Inglaterra beneficiou de um novo impulso missionário romano, nomeadamente o envio de monges pelo Papa

Gregório Magno (590-604). Entre estes contava-se Santo Agostinho, que foi consagrado bispo em 597 e se tornou o primeiro arcebispo de Cantuária em 601.

Após a invasão normanda de 1066, Guilherme, o Conquistador, agora rei, recusou-se a prestar homenagem ao Papa. Nomeou bispos franceses escolhidos por ele próprio para todos os cargos importantes. Esta tradição de independência opôs o rei ao Papa pelo controlo da Igreja e manteve-se durante toda a Idade Média. O sentimento anticlerical foi-se instalando gradualmente e desenvolveu-se fortemente devido aos privilégios excessivos concedidos a esta categoria de ministros da Igreja. Em particular, o pagamento do dízimo a Roma, o direito de recorrer a Roma e a imunidade do clero em matéria de direito civil foram objeto de contestação.

3. A Reforma Anglicana no século XVI
3.1. O cisma de Henrique VIII (1534-1547): catolicismo sem Papa

Um estudo dos motivos que levaram à rutura total com Roma em 1538, durante o reinado de Henrique VIII, mostra que este acontecimento não teve qualquer impacto real na criação de uma nova Igreja em Inglaterra. Pelo contrário, a rutura com Roma deve ser vista como uma afirmação do direito dos ingleses a regularem os seus próprios assuntos, uma vez que, nessa altura, a Igreja e o Estado eram inseparáveis. É de notar também que a Igreja exercia desde há muito uma grande influência sobre a vida da nação e que o Papa, através do sistema de "excomunhão", conseguia incitar os cristãos a revoltarem-se contra as suas autoridades políticas. Assim, a ideia de ter uma Igreja Católica em Inglaterra, independente de Roma, já estava presente na mentalidade inglesa há muito tempo.

Em Inglaterra, a rutura deveu-se, antes de mais, à vontade do rei Henrique VIII. O casamento do rei Henrique VIII foi apenas um incidente ou uma oportunidade, embora inoportuna, para declarar o divórcio da Igreja Católica de Inglaterra da Igreja Católica de Roma. As causas foram muitas e variadas, como já foi referido. O divórcio de Roma foi apoiado pela reforma de Martinho Lutero contra o pensamento medieval da indulgência e pelo movimento antipapal de João Wyclif contra a expropriação de terras e as tentativas de Roma de dominar outras nações através da Igreja Católica Romana. Do exposto resulta claro que o divórcio do Rei foi apenas um pretexto e não a causa principal da rutura. Para além dos motivos acima referidos, o rei queria também um herdeiro masculino para o trono, uma vez que todos os filhos que teve com a sua mulher Catarina de Aragão morreram em tenra idade.

Os teólogos acreditam que a explicação para este fenómeno se encontra na Bíblia, especificamente no livro de Levítico 20:21, e encorajou o rei Henrique XVIII a pedir ao Papa que declarasse a nulidade do seu casamento [não o divórcio] com Catarina de Aragão.

Como o Papa Clemente VII não podia pensar em perturbar o rei Carlos V, seu protetor e sobrinho de Catarina de Aragão, não se apressou a tomar uma decisão. Assim, Henrique VIII proclamou-se *"Chefe Supremo depois de Cristo da Igreja de Inglaterra"* em 1531. Esta declaração foi ratificada pelo Parlamento quando este aprovou o Ato de Supremacia em 1534, que fez do Rei o único Chefe Supremo na terra da Igreja de Inglaterra: *Ecclesia Anglicana* ou *Igreja de Inglaterra*. E agora ele e os seus conselheiros podiam divorciar-se livremente e voltar a casar com Ana Bolena.

Em última análise, a Igreja de Inglaterra vê-se a si própria como a Igreja tradicional da nação inglesa, expurgada de todos os erros medievais e já não subordinada à autoridade papal, mas em continuidade com a Igreja antiga. Embora mantendo o ministério apostólico, a Igreja submeteu-se à autoridade real.

Acreditava ser verdadeiramente católica, mas tendia a identificar-se com o protestantismo na sua luta contra as forças da Contra-Reforma. Henrique VIII estabeleceu a Igreja Anglicana numa espécie de "Caminho do Meio" [Via Media], entre a Igreja Católica e as Igrejas Protestantes.

Após a morte do rei, em 1547, a Igreja continuou a sua revolução em tumulto, uma vez que cada rei adoptou uma linha de conduta diferente da do seu antecessor.

3.2. A ofensiva protestante sob Eduardo VI (1547-1553)

Eduardo VI subiu ao trono de Inglaterra aos 9 anos de idade. Durante a sua menoridade, o governo esteve nas mãos de uma regência cujos líderes mais influentes eram protestantes. De acordo com os seus conselheiros, abandonou a "via média" de Henrique VIII e adoptou as teses luteranas a que o seu pai se tinha oposto ferozmente. O casamento de padres foi assim permitido. O arcebispo Thomas Cranmer pôde revelar a sua alma reformadora e, com a ajuda de uma comissão de teólogos, publicou, em 1549, o "Livro de Oração Comum", documento oficial de culto cuja utilização foi imposta em todo o reino pelo "*Ato de Uniformidade*". Ao contrário dos católicos romanos, havia agora um único livro que substituía o breviário, o missal, o livro dos costumes, etc. Destina-se ao clero e aos fiéis. Está escrito na língua local e permite a todos acompanhar os serviços.

3.3. O catolicismo intransigente de Maria Tudor (1553-1558)

Durante o curto reinado de Maria Tudor (filha de Henrique VIII e Catarina de Aragão), foi restabelecida a antiga ligação com o Papa. O reino regressou à fé católica. Os clérigos ordenados de acordo com a liturgia de Cranmer viram as suas funções pastorais serem-lhes retiradas. A fé católica e a missa foram restauradas. Maria Tudor foi também chamada "*Maria, a Sangrenta*", porque todos aqueles que se recusassem a submeter-se à autoridade papal seriam queimados vivos na fogueira; e uma vez acesa a fogueira, o fogo nunca se apagou durante os 5 anos do seu reinado.

3.4. ᵉʳᵉIsabel I e o compromisso anglicano (1558-1603)

ᵉʳᵉSob o reinado de Isabel I ao trono, deu-se a rutura definitiva com Roma. A Igreja de Inglaterra e a sua nova doutrina foram definitivamente estabelecidas por um Ato do Parlamento e totalmente integradas na legislação e nas estruturas do regime. A partir de então, a base da fé deixou de ser os líderes da Igreja e passou a ser o soberano com o seu Parlamento. *O Livro de Oração Comum* e o ritual de ordenação composto por Cranmer foram restabelecidos. A rainha restabeleceu também o Ato de Supremacia e recuperou o seu título de *Chefe Supremo, na terra, da Igreja de Inglaterra, um* título detido pelos reis ou rainhas de Inglaterra até hoje. Mas, atualmente, este título só se aplica a Inglaterra. A Rainha estabeleceu também uma nova hierarquia, porque os bispos, com exceção de um, tinham recusado o juramento de supremacia.

Em 1588, *a "Invencível Armada",* uma enorme frota de guerra espanhola organizada pelo Papa, tentou convencer a Inglaterra, pela força das armas, a regressar à "verdadeira Igreja". A derrota esmagadora desta invasão lançou as bases do Estado inglês moderno e representou a fase final da fratura entre Roma e Cantuária, uma fratura que se manteria quase absoluta até ao Concílio Vaticano II (5).

No entanto, os contactos significativos entre a Igreja de Inglaterra e a Igreja de Roma só se verificaram após o Concílio Vaticano II (1963), durante o qual o Papa João XXIII reconheceu a especificidade da Igreja de Inglaterra, declarando que "*de todas as Igrejas separadas de Roma, esta continua a ser a mais próxima da Igreja Católica Romana*".

ᵉDe facto, dissemos que a Reforma Anglicana do século XVI não foi um novo começo; não representou de modo algum o estabelecimento de uma nova Igreja, que não a Igreja Apostólica. Rejeitou a autoridade do Papa, mas conservou a doutrina, a liturgia e os paramentos, os sacramentos e as ordens eclesiásticas: o diaconato, o sacerdócio/presbiterato e o episcopado. O Anglicanismo sempre se afirmou como uma Igreja Católica e Reformada. Adoptou um "Caminho do Meio" [Via Media]. Não existe uma doutrina teológica especificamente anglicana, como existia para Martinho Lutero, João Calvino ou Ulrich Zwingli.

A Igreja de Inglaterra ensina todas as doutrinas da fé católica tal como expressas no Credo dos Apóstolos, no Credo Niceno, nos Concílios Ecuménicos e nos escritos dos Padres da Igreja, que precederam a divisão entre o Oriente e o Ocidente em 1054 [entre Constantinopla e Roma]. Por outras palavras, a autoridade da sua doutrina assenta em 3 pilares: a Sagrada Escritura, a Tradição e a Razão. Isto é diferente das outras igrejas protestantes, para as quais apenas as Sagradas Escrituras (*Sola Scriptura*) constituem a base da sua fé. É esta Igreja nacional dos ingleses, que passou por um longo período de Reforma, do qual saiu bem estruturada e organizada doutrinalmente, culturalmente, administrativamente, hierarquicamente, etc., que se tornará, sem qualquer esforço consciente, uma Comunhão mundial.

4. A expansão da Igreja Anglicana fora da Grã-Bretanha

4.1. A era das capelanias e das sociedades missionárias

ᵉᵐᵉᵉᵐᵉNa sequência das explorações efectuadas pelos ingleses, que conduziram à criação do

Império Britânico nos séculos XVIII e XIX, foram abertas *capelanias* ou casas de esmolas para os marinheiros dos navios de expedição e dos portos onde estavam estacionados. Inicialmente, o culto anglicano só estava disponível para estes marinheiros ingleses. Só mais tarde é que o Evangelho foi pregado aos nativos, aos habitantes da zona dos portos e depois ao interior do continente.

Depois desta fase, as Sociedades Missionárias entram em ação para enviar missionários para os novos campos de evangelização.

Estas incluem a Church Missionary Society (C.M.S.) em Londres, fundada em 1799, e a United Society for the Propagating of the Gospel (U.S.P.G.).

E se no início, de acordo com os fenómenos e as circunstâncias históricas, o anglicanismo tinha ligações particulares e íntimas com o Estado em Inglaterra, o mesmo já não acontece com as actuais denominações cristãs que professam o anglicanismo no resto do mundo. Tornaram-se independentes de qualquer autoridade externa e gozam de grande liberdade, embora permaneçam no seio da grande família anglicana : a "COMUNHÃO". ANGLICANO", um único "corpo" cuja unidade permanece, até hoje, apesar das diferentes tendências.

De facto, os ingleses deram rédea solta a uma energia explosiva que os levou aos cantos mais remotos da terra, onde, sob a capa da expansão colonial, levaram consigo a língua , a administração, os costumes e a religião inglesas : a América, as costas de África em direção à Índia, a Austrália, a Nova Zelândia, etc. Foi por esta via que o anglicanismo foi também introduzido em África. Esta foi a via pela qual o anglicanismo foi também introduzido em África.

4.2. Os dolorosos inícios da Igreja Anglicana na África Oriental: Uganda

O primeiro missionário da Church Missionary Society (C.M.S.) na África Oriental foi o alemão Dr. J.L. Krapf, que chegou a Mombaça em 1844. No ano seguinte, juntou-se a ele outro alemão, J. Rebman. Os dois pioneiros resistiram durante uma geração, embora com enormes dificuldades. Nessa altura, não havia sinais da colheita abundante que os seguiria.

Enviado a África pelos jornais americanos *The Daily Telegraph* e *New York Herald* para completar o trabalho de David Livingstone, o explorador e jornalista inglês Henry Morton Stanley passou alguns dias no Uganda. Foi recebido por Kabaka Mutesa I, rei dos Baganda, a 5 de abril de 1875. Depois de ter convencido o rei da verdade da religião cristã em comparação com a "falsidade" da religião islâmica, Stanley escreveu uma carta ao *The Daily Telegraph* de Londres, em 14 de abril de 1875, pedindo à Inglaterra que enviasse missionários para o Uganda. A carta de Stanley foi publicada no jornal em 15 de novembro de 1875. O C.M.S., sempre amante de grandes empreendimentos, respondeu favoravelmente ao apelo e o primeiro destacamento de missionários chegou ao Uganda a 30 de junho de 1877. Foram recebidos pelo Kabaka Mutesa dos Baganda a 2 de julho de 1877. Eram o Tenente Shergold Smith e o Reverendo C.T. Wilson. Aí encontraram o evangelista Maftaa, que tinha vindo da Niassalândia, atualmente Malawi, com Stanley, que continuou a servi-los como intérprete, tal como tinha feito com Stanley.

Vale a pena registar a contribuição do engenheiro e professor escocês Alexander Mackay para o estabelecimento do anglicanismo no Uganda. Chegou à Corte Real em novembro de 1878. As suas qualidades foram rapidamente sentidas na comunidade.

De facto, Alexander Mackay era um homem piedoso, prático, corajoso e inteligente. O Kabaka Mutesa parece ter ficado muito impressionado com a sua contínua preferência pelas Sagradas Escrituras. Após a sua chegada à corte, os seguidores que desejavam aprender a ler e a escrever foram autorizados pelo rei a frequentar a missão. E a Igreja Anglicana estava a começar a criar raízes na região.

Dois anos mais tarde, os missionários católicos White Fathers chegaram ao Uganda. Surgiu uma espécie de rivalidade entre os anglicanos e os católicos, mas o governo colonial inglês depositou instintivamente uma confiança especial na missão anglicana.

De 1885 a 1887, os cristãos passaram por um período de grande sofrimento e perseguição nas várias regiões do Uganda, porque Kabaka Mwanga, o novo rei dos Baganda desde 1884, não queria missionários que, segundo ele, estavam a destruir os seus costumes e tradições. Decidiu erradicar totalmente o cristianismo do seu reino. Mais de 45 cristãos já tinham sido martirizados em várias partes do reino.

James Hannington, o primeiro bispo anglicano da África Oriental, foi assassinado a 29 de janeiro de 1885 em Kyondo, Busoga, antes de chegar a Mengo, a atual Kampala, a capital do reino de Buganda. A partir de então, desencadeou-se uma perseguição contra os neófitos cristãos. Em 3 de junho de 1886, 25 jovens, entre os quais 13 anglicanos e 12 católicos, foram queimados na fogueira em Namgongo. As rivalidades entre católicos romanos e anglicanos enfraqueceram e dividiram fortemente os cristãos, que, no entanto, permaneceram unidos numa recusa comum de ofender Cristo.

O sangue dos mártires é um verdadeiro grão de fé para a Igreja do Uganda *(Sanguis martirum, semen christianorum)*, que conheceu então uma enorme explosão no domínio da evangelização. Foi esta Igreja do Uganda, que já tinha dado provas da sua fé em Jesus Cristo, que levou o anglicanismo à República Democrática do Congo, um país francófono da África Central (6), a partir da cidade de Mboga.

Notas

(1)   Paul *Avis, What is Anglicanism,* citado pelo Dr. Yossa Way, na sua *tese* de doutoramento, *La Spiritualité de l'Eglise anglicane du Congo face aux défis contemporains,* Faculté Protestante du Congo, UPC, Kinshasa, 2009, p. 80.

(2) Jacques Bossiere, "L'âme de l'anglicanisme", in *Cahiers de l'Anglicanisme Francophone,* n° 3, 2001, p. 30
"Este neologismo foi cunhado por Jacques Bossiere e utilizado pela primeira vez em Limuru/Quénia, em 1996, na primeira reunião global de representantes das dioceses anglicanas de língua francesa de todo o mundo.

(3)   MarcGudwin, *AnglicanCommunion   : A glimpse   for Christians d'expressionfrançaise,* Perspectives épiscopaliennes nol, nova edição, Montreal, 1981, p. 2.
Este pequeno livro foi amplamente utilizado na secção sobre a definição de Anglicanismo.

(4)   Ibid, p. 2.

(5)   Ibid, p. 3.

(6) A *Província Eclesiástica Anglicana da África Central,* que inclui a Zâmbia, o Malawi, o Botswana e o Zimbabué, não deve ser confundida com os *11 países da África Central,* nomeadamente a República Democrática do Congo, o Burundi, o Congo-Brazzaville, a República Centro-Africana, o Chade, o Gabão, os Camarões, Angola, a Guiné Equatorial, o Ruanda e São Tomé e Príncipe.

Parte 1
PRIMEIRA ERA
A IGREJA ANGLICANA DE MBOGA: DA LIDERANÇA MISSIONÁRIA À INDEPENDÊNCIA DO CONGO (1896-1960)
Capítulo 1

A. APOLO KIVEBULAYA (1896-1933) E O ESTABELECIMENTO DA IGREJA ANGLICANA NO CONGO BELGA

Quem ouviu falar de Apolo Kivebulaya terá pensado que era uma grande personalidade, muito culto e talvez muito rico. Não era o caso e ele não dispunha de recursos consideráveis, ao contrário dos missionários expatriados que estavam bem de vida em termos de conforto material, porque, para se estabelecer e conquistar facilmente a população para a nova religião, era necessário, em certas circunstâncias, oferecer presentes aos chefes de aldeia ou de clã. Além disso, na época da colonização de África, em que o negro era demonizado, era inconcebível que uma obra tão louvável pudesse ser levada a cabo por um africano, independentemente da sua capacidade intelectual. Contra todos os preconceitos, Apolo Kivebulaya conseguiu estabelecer a primeira missão anglicana em Mboga, atualmente chamada "Boga", no Congo Belga, atual República Democrática do Congo.

É de salientar, no entanto, que no início do ministério de Apolo, Mboga estava no Uganda. Foi depois da primeira mudança de fronteira, em 1911, que o rio Semliki se tornou a fronteira atual e, desde então, Mboga tem estado no Congo Belga, atualmente RDC.

1. Sobre a República Democrática do Congo e Mboga
1.1 República Democrática do Congo (RDC)

A República Democrática do Congo é o segundo maior país do continente africano, a seguir à Argélia. Situada no coração do país, é oitenta vezes maior do que a sua antiga metrópole, a Bélgica, e quatro vezes maior do que a França. No total, a RDC tem o tamanho da Europa Ocidental. Os congoleses consideram-na um subcontinente, pois cabe duas vezes e meia no continente australiano. [2]A sua superfície é de 2.345.409 km.

As várias mudanças de nome do Congo
Superfície: 2.345.409 Km^2
População: 80 milhões
Línguas: mais de 450, sendo as principais o francês, o swahili, o lingala, o tshiluba e o kikongo
Anteriormente :
- Estado Independente do Congo (1885 a 1908)
- Congo Belga (1908 a 1960)
- Congo Belga e Ruanda - Urundi (1918-1960)
Independência: 30 de junho de 1960
- De 1960 a 1964 : República do Congo
- 1964a1971   :República Democrática do Congo
- De 1971 a 1997 : República do Zaire
- A partir de 1997 - : República Democrática do Congo

Conhecido sucessivamente como Estado Independente do Congo (1885-1908), Congo Belga (19081960), República do Congo (1960-1964), República Democrática do Congo (1964-1971), República do Zaire (1971-1997) e República Democrática do Congo (RDC) desde 1997, este país situa-se na linha do equador entre as latitudes 5°20' Norte e 13°27' Sul e entre as longitudes 12°15' e 31°15' Este. A RDC abre-se para o Oceano Atlântico em Moanda/Banana e faz fronteira com 9 países: a República do Congo (Brazzaville), a República Centro-Africana, o Sudão, o Uganda, o Ruanda, o Burundi, a Tanzânia, a Zâmbia e Angola.

A República   Democrática do Congo é um país com uma grande riqueza de recursos Possui uma grande variedade de recursos naturais, minerais, numerosos rios, uma vasta floresta equatorial e solos muito férteis.

Segundo as estimativas actuais, a RDC tem mais de 80 milhões de habitantes, um povo heterogéneo e heteróclito composto por meio milhar de etnias que se agrupam geralmente em 4 grupos principais: os Bantu (os mais numerosos), os Sudaneses, os Nilóticos e os Pigmeus. A população congolesa fala uma multiplicidade de línguas diferentes, embora o governo tenha imposto quatro línguas nacionais como *língua franca*: o swahili, o tshiluba (ciluba), o lingala e o kikongo, bem como uma língua oficial, o francês.

Em termos religiosos, os congoleses praticavam religiões tradicionais antes da imposição progressiva do cristianismo e do islamismo.

1.2 A localidade de Mboga
Regiões TORO (Uganda) e MBOGA (CONGO), 1894

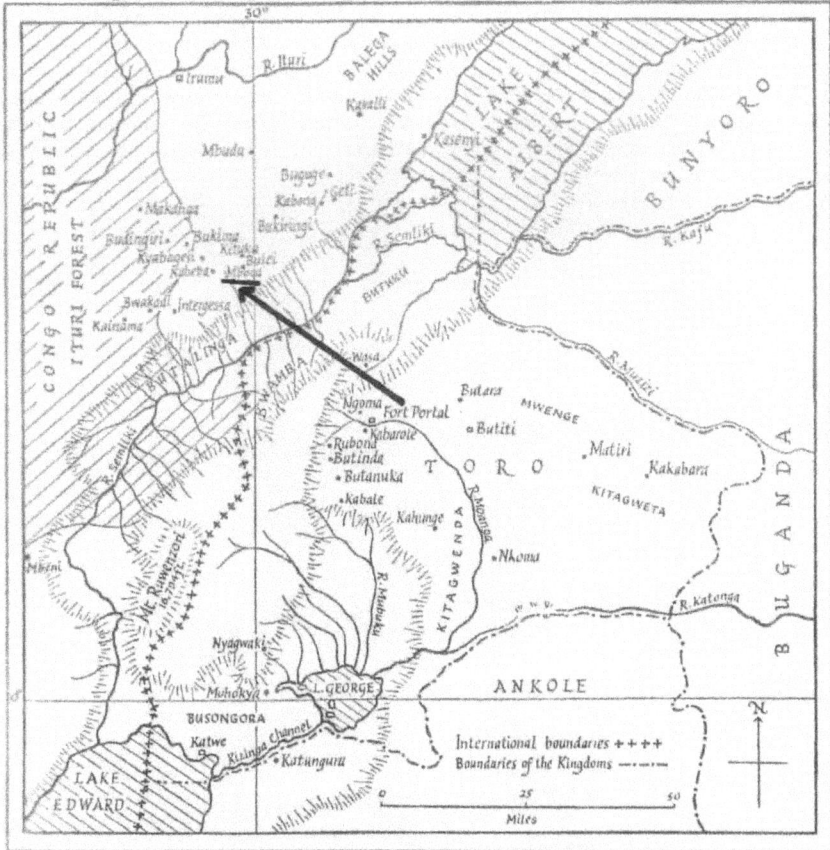

Mapa em "African Saint: "The story of Apolo Kivebulaya" de Anne Luck, Londres, SCM Press, 1963, p. 9

Mboga é uma pequena aldeia do território de Irumu, na província de Ituri, no nordeste da República Democrática do Congo. A aldeia está situada nas encostas ocidentais das escarpas

escarpas do *Vale do Rift*, que se estende desde o Mar Morto até ao Lago Nyassa (Malawi). Este vale forma uma grande planície que contém vários lagos e rios importantes, incluindo o lago Albert e o rio Semliki, entre os quais se situa a cidade de Mboga. As escarpas do lado ugandês são formadas pelas montanhas Ruwenzori, com neve nos seus três picos, também conhecidas como as Montanhas *da* Lua. Mboga é habitada pelo povo Banyamboga, também conhecido como Bahema. Falam Lunyoro ou Kihema, uma das línguas do Uganda, no distrito de Toro.

Com exceção dos pigmeus (Bambuti), também conhecidos como os primeiros habitantes da África Central, todas as tribos do Congo são produto da imigração.

Anne Luck descreve o povo de Mboga nos seguintes termos

"Os povos Mboga (Banyamboga) eram originalmente pastores Bahuma que migraram, provavelmente na segunda metade do século XVII, através do Vale do Rift para a província de Mwenge, parte de Bunyoro. O Mukama Tabaro (rei), que reinou em 1896 em Boga, foi o 17º entronizado desta sub-dinastia (...). As notícias de boas pastagens na fronteira com o Grande Congo provocaram três migrações do sul de Bunyoro. Consta que Isingoma proibiu o casamento com as tribos vizinhas e que, até hoje, os Banyamboga conservaram a sua língua e os seus costumes, enquanto outros imigrantes de Bunyoro, a oeste do Lago Alberto, se casaram livremente com os Balega e perderam a sua língua e os seus costumes, embora tenham conservado os seus traços caraterísticos, a sua religião e o ritual da vaca" (1).

1.3 A vida de Apolo Kivebulaya

Apolo en 1930

Apolo Kivebulaya, cujo verdadeiro nome era Waswa (3), um nome reservado aos gémeos, nasceu em 1864 no seio de uma família de 5 filhos em Kiwanda, no distrito de Singo do antigo reino de Buganda (Uganda). O seu irmão gémeo chamava-se Kato. O seu pai era Samuel Salongo Kisamuzi e a sua mãe Nalongo Tezira. Aos 15 anos de idade, Waswa (ainda não era Apolo) recebeu a influência cristã de um missionário da Church Missionary Society (C.M.S.), Alexander Mackay, que chegou ao Uganda em 1878. Mackay era um homem piedoso, inteligente, corajoso e hábil no trabalho manual. O jovem Waswa conheceu-o na corte do rei Mutesa, quando quis beneficiar dos ensinamentos dados por este missionário. Estes ensinamentos incluíam a aprendizagem da leitura e o ensino da Bíblia.

ᵉʳQuando o Kabaka Mutesa 1 morreu, o seu filho Mwanga sucedeu-lhe em 1884. Este último rei perseguiu os cristãos a favor dos muçulmanos. Esperava obter dos missionários armas que lhe dessem a supremacia sobre os reinos rivais, mas infelizmente tal não aconteceu. No entanto, os árabes que comercializavam escravos forneceram-lhas e, em sinal de gratidão, juntou-se a eles. Foi sob este Kabaka que, em outubro de 1885, ocorreu o martírio de Monsenhor James Hannington, o primeiro bispo missionário anglicano enviado pela C.M.S. para a África Equatorial.

Os anos   de 1886 e   1888   assistiram   às execuções   em maior escala da Cristão.

O jovem Waswa, reconhecido como muçulmano, foi obrigado a alistar-se no exército islâmico para combater os cristãos. No entanto, o Islão não era do seu agrado, por causa dos massacres desenfreados que perpetrava contra cristãos inocentes. Waswa, naturalmente, lembrava-se dos ensinamentos evangélicos e das atitudes positivas do missionário Alexander Mackay, que conhecera em criança.

Tendo ele próprio participado em vários massacres de cristãos, decidiu abandonar o exército islâmico e fugir para Ankole, outro reino do Uganda. Aí fez amizade com outros cristãos anglicanos e aprendeu a Palavra de Deus. Apolo aponta Mateus 5,13 como o versículo-chave da sua conversão: *"Vós sois o sal da terra..."*. De volta à sua terra natal, ele tinha um forte desejo de se tornar ? um filho de Deus. Assim, em 1894, inscreve-se no catecumenato. Foi batizado a 27 de janeiro de 1895 com o nome de Apolo. Foi então que Waswa recebeu o nome Apolo, que entrou assim na história da Igreja Anglicana do Congo, até aos dias de hoje. A escolha deste primeiro nome foi motivada pela passagem de Actos 18,25: "(...) *sendo fervoroso de espírito, anunciava e ensinava com exatidão as coisas do Senhor*" (2). Podemos ver como a vida de Apolo cumpriu plenamente este versículo. Foi a sua entrada oficial na Igreja de Inglaterra. Entretanto, Apolo tinha ficado noivo de uma rapariga com quem tinha frequentado o catecumenato. Mas ela morreu prematuramente antes do casamento e Apolo decidiu não voltar a casar-se. Mais tarde, perante muitas provações, apercebeu-se que a morte prematura da sua noiva tinha sido de facto a vontade de Deus, porque ela devia ter sofrido muito com as situações difíceis que o seu ministério estava prestes a viver.

A esta situação acresce a *alcunha de Kivebulaya*, que significa literalmente "*coisa da Europa (Inglaterra)*" (4) e que lhe foi atribuída em tom de brincadeira por se ter vestido de forma um pouco diferente do que era habitual no seu meio na altura. Usa um casaco vermelho (reservado aos militares) sobre um vestido de homem branco. "*Estou cheio de glória como soldado de Jesus*", dizia muitas vezes. Este casaco foi-lhe oferecido pelo Major Roddy Owen do exército britânico. Era este casaco, quando ele falava de coisas que vinham da Europa, que lhe dava muito orgulho no seu ministério.

Esta alcunha resumia, com razão ou sem ela, a própria ideia que as pessoas tinham da evangelização: o que ele dizia, o que ensinava e a liturgia da própria Igreja Anglicana eram algo da Europa que Apolo tinha trazido para o Congo.

Apolo tornou-se assim um herói mítico nos círculos de Boga, de tal modo que ainda hoje há pessoas que resistem a qualquer mudança, com a justificação de que Apolo não ensinou aquilo, não disse aquilo ou não fez aquilo.

Esta ideia de Apolo como uma figura mítica levou mesmo a ignorar os méritos de outros missionários e servos de Deus que trabalharam para o crescimento da Igreja Anglicana no Congo ao longo dos tempos. A diaconisa Lucy e o seu marido, o Bispo Philip Ridsdale, primeiro Bispo de Mboga, respondendo aos meus questionários sobre o trabalho de Apolo em novembro de 1998, escreveram-me o seguinte "A obra de Apolo foi o fundamento da Igreja no Congo; ele tinha-se tornado um Munyamboga, mas o Evangelho vivo não dependia dele, mas tinha a sua raiz em Cristo; por isso estava a crescer".

Assim, na prática, os Banyamboga pareciam por vezes dar mais importância à pessoa de Apolo do que à ação do Espírito Santo na Igreja.

2. A evangelização de Mboga

Quando os primeiros missionários anglicanos ugandeses chegaram a Mboga, ninguém podia esperar um ministério fácil. A população local nunca tinha entrado em contacto com o Evangelho e a maior parte das suas práticas tradicionais eram incompatíveis com a Palavra de Deus.

Neste ambiente, o consumo de bebidas alcoólicas era a principal atividade de lazer para homens e mulheres. O fetichismo e a feitiçaria tinham uma influência dominante na população. O culto dos antepassados e dos espíritos benévolos era a única forma de conquistar o mundo dos poderes invisíveis. Algumas pessoas eram possuídas por espíritos malignos. A poligamia estava em plena atividade. A escravatura também era praticada em Boga (5). As pessoas, sobretudo as crianças, eram trocadas por diversos produtos. Os escravos eram frequentemente habitantes das florestas que os Banyamboga punham a trabalhar para eles, depois de os comprarem em troca de alimentos ou de terras para cultivar. Estes escravos eram utilizados como moeda em todas as transacções. Um pouco mais longe de Mboga, entre os Nyali, praticava-se o canibalismo (6). Era este o tipo de problema que Apolo Kivebulaya e os seus colaboradores tinham de enfrentar.

Conhecendo algumas das razões do fracasso dos seus antecessores, Apolo, na sua viagem do Uganda para Mboga, quis primeiro resolver o problema vital da subsistência alimentar. No caminho para Mboga, ao atravessar a floresta, pegou em paus de madeira que tencionava utilizar como cabos de enxada para cultivar o campo. Com este ato, Apolo resolveu um dos problemas que tinha levado os nativos a desconfiarem dos seus antecessores. Logo que chegou, ganhou a estima do chefe, que viu nele um homem que não procurava viver à custa dos outros. Durante o resto da sua vida em Mboga, continuou a ser um homem empenhado em trabalhar a terra para satisfazer as necessidades alimentares dos seus visitantes e as suas próprias necessidades, seguindo o exemplo do apóstolo Paulo.

2.1 O primeiro período de evangelização (1894)

ᵉEm 1894, o 12.º rei da dinastia Mboga, Paulo Tabaro II, atravessou o rio Semliki para visitar o seu colega recém-entronizado, Kasagama de Toro, no Uganda, e pedir o protetorado britânico para o seu território. O seu colega falou-lhe da religião praticada no seu país, que ensinava as pessoas a ler e a escrever. Interessado por estas informações, o chefe Tabaro procurou evangelistas ugandeses e, em pouco tempo, dois deles, Petero Nsubuga e Sedulaka Makwata, seguiram-no até Mboga (7). À sua chegada a Mboga, estes dois pioneiros do anglicanismo foram bem recebidos pelo chefe Tabaro e construíram uma capela perto da corte real. Contudo, em menos de um ano, os dois catequistas foram obrigados a abandonar a região e a regressar ao Uganda.

Segundo Tibenderana Yakobo, eram orgulhosos e não queriam tocar no trabalho do campo, que consideravam reservado às classes mais baixas, nomeadamente às mulheres e aos escravos. Além disso, estes estrangeiros recusavam-se a beber a bebida alcoólica local que todos eram obrigados a consumir na corte real (8). Assim, o chefe ordenou aos seus súbditos que deixassem de alimentar os catequistas até que estes se fossem embora.

Alguns críticos acreditam que estes primeiros missionários foram obrigados a voltar para trás porque o chefe Tabarole lhes era hostil . A nova religião iria destruir os costumes ancestrais e, consequentemente, minar a sua realeza.

No final, Petero Nsubuga e Sedulaka Makwata foram obrigados a abandonar o campo de missão porque não conseguiram adaptar-se à cultura local. Consideravam-se superiores aos que estavam a ser evangelizados.

Embora a primeira evangelização de Mboga tenha dado a impressão de um fracasso, este foi apenas aparente, pois, apesar da partida dos catequistas, o Evangelho já tinha tocado alguns corações e a Igreja já estava implantada na região. Era simplesmente necessário enviar outros catequistas mais empreendedores para continuar a missão. E a escolha recaiu sobre Apolo Kivebulaya.

2.2 O segundo período de evangelização (1896)

Apolo Kivebulaya, evangelizador

Como são belos os pés que anunciam a Boa Nova da paz (RmlO: 14-15)
Anne Luck, p. 43

A deserção forçada dos primeiros missionários da Igreja Anglicana de Mboga não desencorajou a Igreja do Uganda, que enviou outros catequistas para a zona.

Além disso, "em agosto de 1896, o Rev. A.B. Fisher e A.B. Lloyd visitaram Mboga, onde encontraram pessoas ainda entusiasmadas com o futuro ensino, mas o chefe não estava muito contente. A.B. Fisher escreveu: "*Queríamos enviar um catequista fiel e duradouro... por isso Apolo apresentou-se como candidato*" (9).

A primeira semente do evangelismo anglicano no Congo já tinha caído no solo de Mboga, e Apolo Kivebulaya foi enviado em 1896 para continuar o trabalho abandonado pelos seus antecessores.

Depois de ter avistado a aldeia de Mboga no alto das montanhas Ruwenzori, por causa do fumo que dela se elevava na floresta densa, Apolo começou a pensar em levar a Boa Nova a esta região remota.

Apolo era um jovem convertido do Islão que tinha acabado de ser batizado a 7 de janeiro de 1895, apenas um ano antes. Mas foi considerado sincero e fiel pelas autoridades eclesiásticas. Tinha frequentado um pequeno curso bíblico em Namirembe, Kampala.
Empregado como catequista no ano do seu batismo, foi enviado para trabalhar em Toro (Uganda).

O P. Apolo Kivebulaya chegou a Mboga em setembro de 1896, acompanhado por Sedulaka, para substituir os catequistas anteriores que tinham acabado de regressar ao Uganda.

No que respeita à evangelização de Mboga, os habitantes desta região tinham-se mostrado inicialmente insensíveis à mensagem evangélica trazida por Apolo. A evangelização superficial dos seus antecessores não tinha deixado traços muito marcantes. Mas, através do seu intenso trabalho de evangelização, o Apolo conseguiu, em dezembro de 1896, inscrever 14 pessoas no catecumenato. Foram baptizadas em Mboga a 4 de abril de 1897 pelo Reverendo J.S. Callis (10). A 24 de agosto de 1898, 7 pessoas receberam a confirmação e 13 outras foram baptizadas pelo Bispo Alfred Tucker.

É de notar que, durante este período, Mboga foi objeto de um litígio entre o Congo Belga e a colónia britânica do Uganda. A região de Mboga só regressou definitivamente ao Congo Belga em 1911. Quanto à Igreja Anglicana do Congo, continuou a depender da Igreja Anglicana do Uganda em todos os aspectos até aos anos 80, duas décadas após a independência do Congo em 1960.

3. As provações da Igreja nascente
3.1 As consequências da revolta da coluna Dhanis e a reviravolta do chefe Tabaro

A alegria da primeira colheita foi imediatamente seguida de dificuldades. O motim da Força Pública do Estado Independente do Congo, liderado pelo Barão Dhanis (11). Os amotinados eram homens armados e impiedosos que invadiram a cidade de Mboga, incendiando casas e a igreja. Muitos bens foram saqueados e mulheres e crianças foram feitas reféns.

Esta desgraça foi imediatamente seguida pela morte prematura do filho do chefe Tabaro. Desanimado, o rei ordenou o regresso às práticas da religião tradicional, nomeadamente o culto aos espíritos dos antepassados, e admitiu publicamente que Deus não existia. Consultados sobre a origem destes infortúnios, os fetichistas e videntes afirmaram que se deviam à presença dos catequistas na aldeia. Este facto despertou ainda mais o ódio do chefe contra os cristãos e esta jovem Igreja. Por isso, muitos cristãos foram expulsos da corte real. Outros simplesmente se resignaram às ordens do soberano e se afastaram da Igreja.

A prova mais dura veio em 1898, quando o pequeno núcleo de fiéis, liderado pelo chefe espiritual Apolo, decidiu construir uma igreja. Enquanto preparavam o local, foi colocada uma lança junto à parede da casa de Apolo.

De repente, viram o fogo de mato a nascer por detrás da residência do chefe Tabaro. Era a estação seca e não era fácil controlar o fogo do mato.

Quando o fogo se aproximou da casa de Apolo, foi imediatamente necessário começar a retirar os pertences da casa para os salvar de um possível incêndio. Perante estes movimentos descontrolados, uma jovem rapariga, Malyamu Tuguita, irmã do chefe Tabaro, caiu a correr sobre a lança colocada contra a casa de Apolo. Ficou gravemente ferida e morreu algum tempo depois.

Ao saber da notícia, o chefe mobilizou um grupo de pessoas armadas com lanças e catanas para eliminar Apolo. O Apolo retirou-se para a sua casa. Acreditando que ele próprio estava armado com uma lança, ninguém se atreveu a persegui-lo dentro da sua casa. As suas acções limitaram-se a furar as paredes com as lanças. A mãe do chefe Tabaro acabou por intervir, gritando: "Se matardes este homem Apolo, que está sozinho em casa, sem motivo, sereis mortos por vossa vez". A população temia a intervenção dos britânicos no Uganda, que destituiriam o chefe Tabaro do seu trono real. Alguns dos cristãos que se encontraram em casa de Apolo foram severamente espancados. Outros refugiaram-se em Toro. Depois de Apolo ter sido retirado da sua casa, esta foi incendiada.

Quanto a Apolo, foi espancado e depois transferido para Mitego, para casa do chefe Baligyangira, noivo da falecida Malyamu Taguita, que teve o cuidado de não derramar o sangue deste homem de Deus. Decidiu transferi-lo para Toro (Uganda), para a casa de um oficial inglês, o capitão Sitwell, para que ele próprio pudesse responder às acusações de assassínio que lhe eram feitas. O chefe Tabaro recusou-se então a dar um pedaço do seu território aos cristãos para construírem uma igreja. Deu a seguinte ordem aos cristãos: (12).

- Aqui não se constroem igrejas;
- É proibido   visitarem-se uns   aos outros   e   qualquer   transgressão desta lei será objeto de um processo judicial. batido ;
- Não deveis dar comida aos catequistas. Deixai-os morrer ou eles ir para outro lado.

3.2 Apolo Kivebulaya, a sua prisão e a sua primeira visão

Quando Apolo chegou ao Uganda em 1898, foi colocado na prisão de Fort Gerry para aguardar julgamento. Aí teve um sonho que o encorajou muito e que mais tarde contou (13):

Cristo apareceu-me num sonho, durante a noite, quando eu me perguntava se devia suportar ser amarrado e empurrado com lanças, ver a minha casa incendiada, ser espancado todos os dias, injuriado e olhado com maus olhos. Eram estas as coisas que me tentavam a fugir do Congo. Enquanto pensava nestas coisas, vi Jesus Cristo a brilhar como o sol e disse-me: "*Tem coragem, eu estou contigo*". Eu respondi: "*Quem é que está a falar comigo*? Ele respondeu uma segunda vez, dizendo: "*Eu sou Jesus Cristo. Prega ao meu povo. Não tenhas medo*" (14).

E Apolo acrescenta: "Desde esse ano (1898), quando preguei às pessoas, elas rapidamente abandonaram os seus costumes e arrependeram-se".

4. Tempo para os preparativos no ministério
4.1 O batismo e a conversão do chefe Tabaro por Apolo Kivebulaya
O P. Apolo Kivebulaya não pôde ser impedido de continuar o seu trabalho no campo missionário por uma sucessão de duras provações. Logo que foi libertado, e com o encorajamento que tinha recebido durante o sonho na prisão, apressou-se a regressar a Mboga a 4 de abril de 1898 para continuar o trabalho que já tinha começado. Mais uma vez enfrentou muita oposição e maus tratos, mas foi paciente e perseverou na sua fé. Este foi o início de um ministério frutuoso entre os nativos. Conseguiu alargar o evangelismo às outras tribos vizinhas.

[erer]O Apolo conseguiu converter ao cristianismo o chefe Tabaro, que ninguém acreditava que pudesse alguma vez aceitar esta religião, porque em tempos tinha negado a existência de Deus e odiava o Apolo de todo o coração, na sequência das sucessivas desgraças que se abateram sobre a sua localidade em 1898 e que descrevemos nos pontos 3.1 [1 período de 1 época] deste Livro. E quando Apolo pediu ao chefe Tabaro o seu tambor sagrado, chamado *Rusuma*, para usar na igreja e impedir os fiéis de rezar. Quando o chefe Tabaro concordou com isso, foi uma grande surpresa para os pagãos e uma grande vitória para o Evangelho e para Apolo, porque para o povo este tambor era o símbolo do espírito da tribo(. O chefe começou a apoiar Apolo no seu ministério, ao qual se dedicou totalmente. A 28 de novembro de 1898, o Bispo Alfred Tucker fez a sua primeira visita pastoral a Mboga. Nessa ocasião, foram baptizadas mais treze pessoas e os outros sete baptizados pela primeira vez foram confirmados. A comunidade cristã de Mboga estava a crescer pouco a pouco.

4.2 Ordenação de Apolo Kivebulaya ao diaconado e ao sacerdócio
A 21 de dezembro de 1900, Apolo Kivebulaya foi ordenado diácono em Kabarole, no reino de Toro. A sua ordenação sacerdotal teve lugar em junho de 1903, em Kampala. Depois da ordenação, Apolo passou vários anos no Uganda, trabalhando para a Igreja Anglicana de Toro e Mboga. De 1900 a 1915, Apolo exerceu o seu ministério em vários lugares do Uganda (Toro, etc.), ao mesmo tempo que cuidava da igreja de Mboga.

Apolo regressou definitivamente a Mboga em 1916. A sua primeira tarefa foi reforçar a comunidade cristã, antes de começar a construir igrejas (feitas de pisé) em Mboga e nas aldeias vizinhas.

Igreja de Apolo em Mboga

A 5 de novembro de 1917, Apolo deslocou-se a Irumu, capital do distrito de Ituri, para pedir autorização para a Igreja Anglicana operar oficialmente em solo congolês. A autorização foi concedida sem qualquer problema. A partir de então, pôde continuar as suas actividades missionárias em Mboga sem receios, pois até então parecia estar a trabalhar em segredo.

A 3 de outubro de 1919, Apolo construiu a primeira escola primária em Mboga. Depois de a igreja e a escola de Mboga terem sido reconstruídas, os pais começaram a trazer os filhos para aprenderem a ler e a escrever. Passados alguns meses, a residência do Apolo estava cheia de raparigas e rapazes. Foi o início da escola de formação de catequistas.

A 18 de abril de 1921, o Comissário do Distrito chegou a Mboga para visitar a escola. Ficou muito satisfeito com a escola e ofereceu-lhe muitos donativos de bancos, papel, giz, etc. para o seu funcionamento.

Entretanto, o esforço de evangelização, concentrado durante este tempo na região de Mboga e arredores, tinha tornado este local viável. Mboga já estava a tomar o aspeto de um centro missionário para a formação e envio de catequistas. Até então, o Apolo tinha-se concentrado na evangelização dos habitantes da savana. Agora precisava de alargar o seu trabalho às populações da floresta a sudeste de Mboga.

4.3 Evangelização entre os habitantes da floresta

Apolo Kivebulaya, Apóstolo dos Pigmeus

Em Mboga, Apolo considerou 1921 como o ano do Evangelho, com uma grande colheita espiritual. Ibrahimu Katalibara conta como Apolo pediu corajosamente ao chefe Tabaro o seu tambor sagrado *"Rusama"* para poder usá-lo para chamar os cristãos na altura do culto. Para o povo, este tambor era o símbolo do espírito da tribo. Era guardado num lugar secreto, onde uma mulher cuidava dele. Este símbolo de poder era venerado como um deus, com o seu santuário, sacerdote e sacrificador. Era levado perante o chefe para as cerimónias tradicionais, mas uma vez utilizado para outros fins, perdia o seu poder. Este gesto do chefe causava, portanto, grande espanto aos pagãos (15).

Apolo conta como Deus o tinha encorajado a ir pregar na floresta: "Já em 1921, Cristo apareceu-me sob a forma de um homem que estava ao meu lado. Era como se eu visse um homem que era meu irmão. Disse-me: *"Vai pregar na floresta porque eu estou contigo"*. Eu respondi, perguntando: *"Quem é este que fala comigo?"* Ele respondeu: *"Eu sou o que sou, este é o meu nome"*.

Quando acordei, pus-me a caminho da minha missão.
a expedição evangélica imediatamente" (16). O ano de 1921 marca assim o início da evangelização dos povos da floresta: os Balese, os Nyali e os Nande.

A propósito das viagens pastorais de Apolo Kivebulaya, é de notar que ele mantinha um bom diário de bordo, como costuma fazer um bom capitão de navio. A 21 de abril de 1921, Apolo levou evangelistas ao País de Gales da aldeia de Kamenga e ao Monte Hoyo... Continuou o seu trabalho em Banyanjao e Tchabi. Quando chegou a casa do chefe Sulemani em Kainama (na atual província do Kivu Norte), visitou os evangelistas que tinha enviado anteriormente.

Em 1921, o Apolo construiu igrejas em Musango, Bundingiri e Mugenyi, entre os Baleses. Em 1924, o Apolo visitou as igrejas de Bukima, Tchabi, Bundingiri e Kainama. Um pouco mais tarde, construiu também a igreja para os pigmeus da floresta.

A 11 de abril de 1924, a evangelização começou em Kamatsi (Bukiringi), entre os Walendu Bindi. O chefe desta tribo de Ituri e o seu povo tinham recebido a Boa Nova sem resistência, pelo que o Apolo deixou lá um evangelista para os fortalecer ainda mais.

A 8 de setembro de 1924, Apolo continuou a evangelizar os pigmeus, deixando-lhes um evangelista depois de ter passado alguns dias com eles.

A 14 de setembro de 1925, o Apolo foi a Bwakadi. Os cristãos pediram-lhe evangelistas, mas o Apolo não tinha servos de Deus para lhes dar.

O Evangelho acabou por ser pregado aos pigmeus (Bambuti), um povo da floresta que era muitas vezes desprezado pelos Banyamboga devido à sua pequena estatura (geralmente 1 metro e 40-45 cm) e ao seu modo de vida, considerado primitivo e nómada, que vivia da caça e da recolha. Mas Apolo tinha feito amizade com eles. Podia comer a sua comida e passar a noite na sua cabana (17). Deste modo, conquistou a sua confiança e o seu coração para a causa do Evangelho.

A partir de então, o número de baptismos aumentou entre os povos da floresta e da savana. Foram construídas capelas em todas as zonas circundantes de Boga e instalaram-se catequistas para dar orientação espiritual.

Muitos pigmeus já tinham sido baptizados na Igreja de Mboga. Mas o primeiro batismo de pigmeus foi levado a cabo pelo próprio Apolo em 1932. Foi a sua última visita à floresta. Nasani, um dos catequistas do Apolo, descreve a sessão de batismo nos seguintes termos: "O Apolo baptizou dois grupos de pigmeus. Estes dois grupos tinham-se estabelecido perto de Makanga e ele tinha-se esforçado muito para os ensinar. Quando baptizou estes grupos, num deles o Apolo deu a todos os homens o nome de Abraão e a todas as mulheres do grupo o nome de Sara! No outro grupo, deu a todos os homens o nome de Mateus e às mulheres o nome de Maria" (18).

O Apolo não tinha pensado na dificuldade de identificação que estes novos nomes importados poderiam provavelmente causar a estes grupos de pigmeus quando se nomeavam ou se dirigiam uns aos outros. Esta prática era comum nas igrejas da época colonial, que consideravam os nomes de família africanos como pertencentes ao reino do demónio, para serem substituídos por nomes bíblicos depois do batismo.

Devido ao seu grande trabalho evangélico entre os pigmeus, Apolo Kivebulaya foi mais tarde apelidado de *"Apóstolo dos Pigmeus"*.

4.4 Liturgia nos territórios convertidos

As outras tribos aderiram à Igreja de Inglaterra, tal como os pagãos aderiram ao judaísmo através da circuncisão ou os bárbaros aderiram ao helenismo através da aprendizagem da sabedoria grega.

Na Igreja Anglicana, o catecismo e o *Livro de Oração Comum* em Kihema (Lunyoro) foram impostos a todas as tribos indiscriminadamente, que eram obrigadas a aprender o Kihema para serem baptizadas. Assim, transmitido numa língua estrangeira, o Evangelho parecia ser prerrogativa do povo Banyamboga, o único que dominava a língua Kihema. Para a Ceia do Senhor, Apolo ensinou as mulheres a fazer o pão como faziam em casa, ao lume, e ele próprio fez o vinho da comunhão com sumo de banana, quando acabou o stock de vinho que tinha recebido de Toro (19).

A imposição da língua Lunyoro estendeu-se mesmo à administração da Igreja Anglicana, dando a impressão de uma colonização cultural dos negros pelos negros. Os Banyamboga detinham assim a parte de leão do poder nesta Igreja porque, a nível local, detinham o poder de decisão sobre tudo, a tal ponto que as outras tribos chegavam a designar a Igreja Anglicana como a "Igreja dos Bahema" (Kanisa la Bahema) e consideravam-se dependentes deles.

Quanto ao culto, realizava-se na língua Kinyoro, mesmo entre outras tribos, embora a maioria das pessoas não o compreendesse muito bem. *O Livro de Oração Comum* Kinyoro só foi traduzido para Swahili, ou pelo menos extractos do mesmo, em 1973, para que outras tribos tivessem acesso à liturgia.

Retomando a ideia de que, para os anglicanos, a liturgia exprime a fé, compreendemos que, de 1896 a 1973, as tribos, para as quais o Kinyoro não era a sua língua materna, prestavam culto sem compreenderem exatamente quem e porque estavam a prestar culto (esta situação não era muito diferente da missa católica em latim antes do Vaticano II). Este facto constituiu um obstáculo à evangelização do Congo pelos anglicanos (20). Esta é uma das razões pelas quais a Igreja Anglicana permaneceu confinada a um pequeno canto do Ituri durante muito tempo. [2]É preciso dizer que, durante oitenta anos, a Igreja se auto-marginalizou e se estendeu por um raio de apenas 80 km, num Congo imenso que mede 2.345.409 km2 de superfície.

5. A organização da estação missionária de Mboga e a elevação de Apolo à categoria de cónego

5.1 A estação missionária de Mboga

O método de trabalho do P. Apolo, como o de todos os missionários da época, consistia em criar estações missionárias nos campos de missão. Isto era feito através de contactos que levavam à criação da primeira comunidade de base constituída pelos primeiros cristãos da zona. Esta estação era comummente conhecida como "*Missão*". A missão incluía o edifício da igreja, a casa do pároco e a dos seus catequistas. Mais tarde, foram construídas escolas e casas de professores. Alguns cristãos foram também autorizados a viver no recinto da missão. Esta estação tinha também como objetivo retirar os neófitos do seu ambiente tradicional, considerado como estando sob o poder de Satanás.

Era, portanto, necessário salvar as almas dos poderes nocivos da tradição ancestral, protegendo-as no campo missionário. Os cantos e as danças tradicionais, as bebidas alcoólicas e tudo o que fosse costume eram proibidos na estação missionária. No caso de Mboga, como não havia internato, os neófitos eram alojados com as famílias na missão. Esta era também uma forma de lhes ensinar a língua e a cultura Hema.

As realizações de Apolo foram, no seu conjunto, muito consideráveis para um homem da sua posição, e ninguém duvida que o seu ministério foi conduzido pelo Espírito Santo.

5.2 Apolo Kivebulaya, promovido ao grau de cónego

Em reconhecimento das suas obras para a glória de Deus, Apolo Kivebulaya foi nomeado e elevado à categoria de cónego da Catedral de Namirembe (Kampala) por carta de 22 de abril de 1922 do Bispo J.J. Willis da Igreja do Uganda (21).

A carta de nomeação tem o seguinte teor.

Casa do Bispo
Kampala, Uganda
22 de abril de 1922
Para o meu irmão,
É com grande prazer que lhe escrevo para o informar que o escolhi para ser cónego na Igreja do Uganda com o Rev. Mudeka. Escolhi-o por causa do seu espírito de paciência e perseverança na Igreja de Toro e do Congo ao longo de todos estes anos, e especialmente por causa da sua resistência ao sofrimento e à perseguição em nome de Nosso Senhor, e por levar esse nome aos pagãos. Por esta razão, considero-o digno desta honra. Que Deus Pai aumente em vós o poder e a força do Espírito Santo, para que Ele possa realizar com alegria e satisfação a vossa peregrinação e a obra para a qual vos chamou.
Saudações sinceras a todos os cristãos de Mboga.
Sou o teu irmão que te ama.
J. J. Willis.

Em 1927, o Cónego Apolo Kivebulaya foi eleito Vice-Presidente da Church Missionary

Society e, em junho do mesmo ano, participou nas celebrações do jubileu da C.M.S. em Kampala (22).

5.3 Outras actividades Apolo de apoio à Igreja

O trabalho de Apolo Kivebulaya não se limitou apenas à proclamação do Evangelho. Durante o seu ministério, tocou em vários aspectos da vida para assegurar o desenvolvimento harmonioso da comunidade em que trabalhava. Mostrou aos fiéis a importância do trabalho no campo, sendo ele próprio um exemplo neste domínio. Ensinou as pessoas a reflorestar e a plantar eucaliptos para construir casas adequadas e limpas. Apolo insistia na limpeza dentro e fora de casa, na roupa limpa, na igreja limpa, no corpo limpo em geral, etc. Também os ensinou a ler e a escrever, para que pudessem ler a Palavra de Deus por si próprios, e mostrou-lhes a necessidade de *mordomia* (dízimos, ofertas, etc.).

Mencionámos que, em 1919, o Apolo começou a construir uma escola primária em Mboga. Esta escola tornou-se o núcleo em torno do qual foram construídas várias outras escolas. Estas escolas foram mais tarde reconhecidas pelo Estado colonial belga, cujos emissários visitaram Mboga em 1921. Não hesitaram em exprimir o seu espanto pelo trabalho efectuado por um missionário negro nesta região. De todas as escolas protestantes da época, a escola anglicana foi a primeira a receber subsídios, pelo menos sob a forma de bancos, papel e giz, da colónia belga, que até então só se tinha ocupado das escolas católicas. Só em 1948 é que a colónia belga começou a conceder subsídios às escolas protestantes.

O P. Apolo tinha também organizado uma espécie de ambulatório em Mboga, que era visitado de vez em quando por médicos do Uganda, que o acompanhavam por vezes nas suas visitas pastorais.

Voltemos ao ensino e à sua organização no seio da escola anglicana. De um modo geral, durante a época colonial, o ensino anglicano, como todo o ensino protestante, tinha como principal objetivo ensinar aos candidatos ao batismo os rudimentos do alfabeto para que pudessem ler a Bíblia Sagrada por si próprios. Os catequistas eram também selecionados entre estes candidatos. Havia cristãos que só sabiam ler a Bíblia, mas que não sabiam escrever.

Historicamente, é de notar que o nível das escolas protestantes era geralmente muito baixo. Só as escolas católicas, bem estruturadas e apoiadas pelo Estado belga, formavam para a administração pública e para as suas paróquias.

A formação dada por Apolo e pelos seus sucessores na Igreja Anglicana do Congo insere-se na categoria destas escolas de alfabetização. Eis uma das descrições de Anne Luck sobre estas escolas: "O catequista que ensinava na aldeia quase não se diferenciava das pessoas que ensinava; seguia os seus hábitos sem respeitar os horários. Às vezes batia o tambor a tempo (para convidar as pessoas a entrar), outras vezes chegava atrasado; um dia estava a trabalhar, outro dia estava ausente. As crianças entravam e saíam das aulas, as cabras entravam e comiam os pedaços de papel colados na parede para ler. O ensino era confuso e lento, mas mesmo assim ele (o professor) fazia um ótimo trabalho" (23).

Sabemos que os diretores e professores eram fornecidos pela Igreja do Uganda, uma colónia dominada pelos ingleses, enquanto o Congo Belga era uma colónia dominada pelos franceses. Isto significa que as pessoas que estudavam nessa altura não sabiam nem inglês nem francês.

Quanto à formação dos servos de Deus, é de referir que os pastores frequentaram escolas bíblicas no Uganda. Aí recebiam uma formação de base em suaíli e kinyoro. No entanto, no Congo, o francês, que era considerado a língua da administração colonial e de estima, estava a ganhar cada vez mais terreno. Estes pastores nem sequer tinham acesso a escolas bíblicas especializadas em inglês, quer no Uganda quer nos países ultramarinos. No que respeita ao ensino leigo, os primeiros monitores eram ugandeses. Foram gradualmente substituídos por auxiliares congoleses (com uma formação muito modesta).

Para entrar no ministério, o que contava era a boa conduta e a humildade, e não a formação intelectual. Anne Luck descreve a política de formação religiosa do Bispo Alfred Tucker nos seguintes termos: "Era política do Bispo Tucker, nos primeiros tempos da missão, ordenar para o ministério homens que tivessem dado provas de carácter cristão e de liderança, embora o seu nível intelectual fosse menor. Esta era a única forma de tornar os sacramentos acessíveis a muitas das pessoas que acorriam à Igreja" (24).

O P. Apolo era um deles. Nunca teve a oportunidade de estudar teologia no sentido comum da palavra, mas a sua devoção, a santidade da sua vida, a sua compreensão das pessoas e a sua paixão pela missão fizeram dele um homem de extraordinária força espiritual na diocese (25).

Esta medida era bastante compreensível na altura, quando o nível de conhecimento das pessoas era muito baixo e a política de batismo em massa estava em pleno andamento. Infelizmente, porém, a política de baixos níveis de educação entre os ministros da igreja continuou a ser a regra de ouro na Igreja Anglicana do Congo de 1896 a 1980. Esta situação foi denunciada pelo Bispo Fidèle B. Dirokpa, bispo de Bukavu na altura, no seu discurso inaugural do primeiro sínodo diocesano realizado em Bukavu de 6 a 13 de janeiro de 1983, nos seguintes termos: "A Igreja Anglicana do Congo celebrará em breve o centenário da sua entrada no Congo, mas não tem ministros com formação ao nível de doutoramento, mestrado ou licenciatura e nem sequer ao nível do ensino secundário de seis anos, enquanto no Uganda a Igreja está cheia de ministros com todos estes níveis" (26).

Pensamos que a Igreja no Congo estava em desvantagem devido à sua posição francófona, o que fez com que a CMS, que tinha fortes raízes no Uganda, fosse negligenciada. A formação, mesmo ao nível mais baixo, era muito lenta e, quando o P. Apolo morreu após 37 anos de ministério no Congo, ainda não havia padres congoleses.

5.4 A Igreja Anglicana no Ruanda-Urundi

O Ruanda-Urundi, com o qual o Congo faz parte da Igreja do Uganda (juntamente com a Igreja Anglicana do Congo), foi evangelizado pela Igreja Anglicana do Uganda, 29 anos depois de o Congo ter sido evangelizado.

A Igreja Anglicana chegou ao Ruanda em 1925, vinda do Uganda, através de missionários britânicos. Pertenciam à CMS/England Missionary Society através do seu ramo denominado "Ruanda-Mission". Os missionários mais conhecidos deste grupo foram o Capitão Geoffrey Holmes e o Reverendo Halord Guillebaud. A primeira porta de entrada do anglicanismo no Ruanda foi Gahini.

A 6 de junho de 1966, foi inaugurada a primeira diocese do Ruanda, a de Kigali, com o seu primeiro bispo, D. Adonia Sebununguri. Em 1975, esta diocese foi dividida em duas, dando origem à diocese de Butare, com a consagração do Bispo Justin Ndandali a 19 de novembro de 1975.

[er]O Burundi foi evangelizado pela Igreja Anglicana do Uganda em 1 de janeiro de 1935 por dois missionários brancos da CMS/Inglaterra acompanhados por um evangelista ugandês.
O primeiro ponto de entrada da Igreja Anglicana no Burundi foi BUHIGA, onde o Dr. Len Sharpen já estava a trabalhar no hospital desde 1930. A ele juntaram-se, em 1935, Algemon Stanley Smith, o Dr. Bill Church e Kosiya Shalita, um ugandês.

[e]A primeira diocese anglicana no Burundi é BUYE, com o Bispo Jean Nkunzumwami, e a segunda é Bjumbura, com o Bispo Samuel Sindamuka.

5.5 Os últimos dias de Apolo Kivebulaya

No final de 1932, Apolo sentiu-se enfraquecido pelo trabalho árduo, mas continuou as suas actividades pastorais normalmente até fevereiro de 1933. Sentindo-se cada vez mais fraco, deixou Mboga a 24 de fevereiro de 1933 para o Hospital Mengo em Kampala.

O Dr. Sir Albert Cook examinou-o e disse-lhe que o seu coração estava cansado. Receitou-lhe três meses de repouso, mas, sentindo que a sua hora de morrer se aproximava, Apolo pediu para ser levado para Mboga, para morrer entre as pessoas que amava muito e que também o amavam; assim foi feito. Logo que chegou a Mboga, a sua situação piorou.

O Reverendo Russell e a sua esposa foram enviados do Uganda para o assistir nos seus últimos momentos. É com grande emoção que ouvimos a última entrevista de Apolo Kivebulaya no seu leito de doente, dada por esta delegação: "Relativamente ao trabalho no campo missionário, perguntei-lhe quem iria continuar esse trabalho. Ele respondeu: 'Thomasi Ndahura, Nasani Kabarole, Yosia Kaburwa, YusufU Limenya, eles poderão ajudar a Igreja de Mboga, eu formei-os bem. Perguntei-lhe se tinha algum dinheiro no banco. E ele respondeu: 'Não tenho nem um xelim no banco'. Perguntei-lhe se tinha dívidas e ele respondeu: "Não há dívidas, exceto alguns xelins que pertencem a Thomasi Ndahura, que ele me confiou para pôr no fundo destinado a pagar aos catequistas da floresta, 250 xelins. Vender a minha mesa e cadeiras e o bule de chá, etc., para pagar estes xelins. Depois acrescentou que tinha duas vacas em Butiti. Deixa-as", disse Apolo, "para a Igreja de Mboga. (27). Ele não tinha nada, no verdadeiro sentido da palavra.

Após 38 anos de notável trabalho missionário no Uganda e no Congo, Apolo Kivebulaya morreu às 14h45 de 30 de maio de 1933 em Mboga (28). Foi sepultado a 31 de maio de 1933 no jardim da igreja paroquial de Mboga, na presença de numerosos cristãos e outras personalidades, incluindo o chefe da localidade de Mboga e até as autoridades coloniais belgas brancas, que testemunhavam a estima que tinham por Apolo Kivebulaya devido ao notável trabalho de evangelização e instrução que tinha desenvolvido no campo missionário nesta região.

Antes de morrer, Apolo tinha dito: "Deixai-me ir ao encontro dos meus filhos que me precederam no céu, para que eu possa estar com o meu Senhor, a quem servi desde a minha juventude até à minha velhice". O seu pedido consistia então em duas coisas: em primeiro lugar, proibia o choro e o luto na sua morte e, em segundo lugar, desejava ser enterrado com a cabeça virada para a floresta [Oeste]"(29) e os pés virados para o Oriente. Este gesto era contrário ao costume Banyamboga, que exige que um homem seja enterrado com a cabeça virada para a sua casa. Com este gesto, Apolo queria mostrar que o seu espírito continuava em movimento para evangelizar os povos da floresta, ou seja, até ao fim do Congo, porque a floresta equatorial atravessa este vasto país de leste a oeste, até ao Oceano Atlântico.

Quando morreu, o seu campo de evangelização incluía o Território de Irumu, na Província Orientale, e a cidade de Kainama, na fronteira norte da Província de Kivu. Entretanto, já tinha formado 75 catequistas locais, mas ainda não havia ministros ordenados.

5.6 Apolo Kivebulaya, um modelo de servo de Deus

Em mais do que um aspeto, a vida e as acções de Apolo Kivebulaya são um exemplo a seguir pelos ministros de Deus que são constantemente movidos pelos objectivos de serem bem sucedidos na sua missão no campo da evangelização.

5.6.1. Um empregado de meios modestos

Por detrás da vontade de privar os ministros da religião de um nível respeitável, podem existir outros objectivos. Estamos a pensar, por exemplo, no sistema colonial belga baseado no paternalismo, que se traduzia na máxima: "Sem elites, não há problemas". Era necessário formar servidores que prestassem uma fidelidade servil aos seus chefes na hierarquia da Igreja ou aos financiadores. Eram necessários servos que não conhecessem as ciências seculares, o que os obrigava a não abandonar o ministério, pois não podiam ter a ambição nem a capacidade de fazer outra coisa na sociedade, uma vez que os seus conhecimentos se limitavam aos rudimentos da Bíblia. Finalmente, eram necessários servos que pudessem ser utilizados como mão de obra livre.

Estas palavras de D. Mbona Kolini, então Bispo de Katanga, resumem a situação vivida pelos ministros da Igreja e pelos seus rebanhos:

"Conheço pessoas que não comem há três ou quatro dias, mas ainda as vejo a cantar e a dançar na igreja. Porquê? Só posso atribuir isso à ação do Espírito Santo. Dia após dia, as pessoas são levadas a compreender que a sua única segurança está no Senhor" (30).

5.6.2. Apolo Kivebulaya, um modelo de dedicação excecional

Desde a sua conversão ao cristianismo, Apolo dedicou toda a sua vida à difusão do Evangelho. Era um homem paciente e perseverante, humilde e dedicado, um homem de oração e fiel, dotado do dom da cura. Acima de tudo, era um homem de grande fé e zelo pelo serviço do Senhor. O Senhor tinha-o equipado como tinha feito com tantos outros dos seus servos experientes, que encontramos na Bíblia e na história da Igreja.

Tal como o apóstolo Paulo, Apolo tinha participado pela primeira vez no martírio de cristãos. Como recém-convertido, tinha mais zelo pelo Evangelho do que os cristãos mais antigos. Caluniado injustamente, espancado várias vezes, expulso e preso, fazia trabalhos manuais para se sustentar sem ser um fardo para os outros. Percorreu grandes distâncias através da savana e da floresta com o único objetivo de levar o Evangelho aos pagãos. Apesar do seu nível intelectual muito baixo, conseguiu introduzir o anglicanismo no Congo. Não hesitou em enfrentar povos e costumes desconhecidos no Congo e no Uganda. O seu ministério, que começou com dificuldades, revelar-se-á mais tarde frutuoso.

Em suma, Apolo tinha muito espaço para continuar o seu trabalho no Congo. Cabe aos seus seguidores na obra de Deus imitar o seu exemplo e difundir o anglicanismo no Congo e noutros locais.

5.6.3. Apolo Kivebulaya, um santo africano

Apolo Kivebulaya é venerado como santo na Igreja Anglicana do Congo e do Uganda, e em toda a África Oriental. A sua efígie encontra-se no vitral da Catedral de Todos os Santos em Nairobi, no Quénia. Anne Luck escreve o seguinte sobre ele: "Apolo Kivebulaya é um homem de qualidade apostólica. Mesmo que os outros cristãos não possam ser equiparados aos Apóstolos de Jesus, que deram testemunho da ressurreição do seu Mestre, Apolo foi, no verdadeiro sentido, o Apóstolo da Igreja de Mboga e a sua vida testemunhou a realidade de Cristo vivo" (31).

Este texto, escrito na capa do livro de Anne Luck "African Saint", sobre Apolo Kivebulaya, continua a ser um testemunho da sua vida de santidade:

"Apolo do Uganda e do Congo, falecido em 1933, deveria provavelmente ser escolhido como santo, se a Comunhão Anglicana quiser reconhecer alguém da África Oriental. Por muitas circunstâncias, ele foi, com o mesmo título, o São Francisco anglicano ou o Cura d'Ars, vivendo muito perto do Equador. *Era como se eu estivesse a ver um homem que era meu amigo,* como ele dizia de uma das suas visões de Cristo. A sua humilde alegria atraiu o seu próprio povo ao Uganda e a sua coragem levou o Evangelho aos pigmeus da floresta equatorial. A sua história é importante para a Igreja universal, porque no nosso mundo nasceu um cristianismo autenticamente africano, e a Igreja universal deve estar atenta a africanos da estatura de Apolo".

Apolo e os seus seguidores espalharam o Evangelho e mantiveram a presença anglicana no Congo até esta ser oficialmente reconhecida como diocese em 1972, após três quartos de século (76 anos) de trabalho árduo na fé.

5.6.4. Apolo Kivebulaya, um monumento à Igreja Anglicana do Congo

Apolo continua a ser um monumento na história da Igreja Anglicana no Congo e no Uganda, mas a influência de Mboga e o culto mítico de Apolo estão a diminuir gradualmente com a criação de outras dioceses no Congo.

Certamente, reconhecem nele os méritos da santidade de vida e do zelo pelo Evangelho de Jesus Cristo, bem como o modelo de amor pelo povo de Deus. Por conseguinte, consideram o seu ministério exemplar, inspirador e encorajador, e gostariam de o imitar como fiel servidor de Deus, em vez de fazer dele uma figura mítica, ao ponto de negligenciar o essencial da fé.

CONCLUSÃO PARCIAL

O primeiro período, de 1896 a 1933, foi o período de preparação do campo e de sementeira da Boa Nova. Apolo Kivebulaya continua a ser a figura de proa deste período. Foi o período em que os missionários anglicanos do Uganda plantaram boas sementes em solo congolês. Estas sementes cresceram apesar das silvas e dos espinhos que tentaram sufocá-las e deram frutos de que a Igreja Anglicana se orgulha atualmente. Como uma semente de mostarda, demasiado pequena, fraca e invisível a olho nu, colocada num solo por vezes feroz, a Igreja Anglicana do Congo orgulha-se de se ver transformada numa grande árvore, apesar de todas as fraquezas que ainda a caracterizam. A Igreja manteve-se firme nos dias difíceis porque o Espírito Santo estava presente.

Estes homens, com pouca instrução e sem quaisquer meios materiais, por um lado, e trabalhando num território oficialmente católico, cujo governo era hostil às outras confissões religiosas, por outro, mantiveram a presença da fé anglicana no Congo. No entanto, é de notar que as insuficiências do início ainda hoje se fazem sentir em certos sectores da atividade da Igreja, tanto no domínio da formação de quadros como no da vida socioeconómica dos servos de Deus, da evangelização, da liturgia, etc. Na parte anterior deste primeiro capítulo, sublinhámos o papel desempenhado por Apolo e pelo seu ministério e mostrámos os pontos fortes e fracos das obras missionárias deste período. É agora oportuno examinar a transição após a morte de Apolo.

NOTAS

Período A dos missionários ugandeses.

(1) Anne Luck, "*African Saint, the story of Apolo Kivebulaya*", Grã-Bretanha, SCM Press Ltd, 1963, p. 68.
[Este livro foi amplamente utilizado no Capítulo 1 devido à sua riqueza de informações sobre a vida e a obra de Apolo Kivebulaya].
(2) Ibid. p.24
(3) Ibid. p.61
(4) Ibid. p.62
(5) Ibid. p.116
(6) Ibid. 123
(7) Ibid, p.68
(8) Ibid. p.69
(9) Ibid. p.69
(10) Ibid. p.72
(11) Ibid. p.72
(12) Ibid. p.74
(13) Ibid. p.76
(14) Ibid. p.77
(15) Ibid.p.79
(16) ibid. p. 123
(17) Ibid. p. 124
(18) Ibid. p. 145
(19) Ibid. p. 142
(20) Isingoma Kahwa: *Où va l'EAZ?* 1992, não publicado.
(21) Anne Luck, op.cit. p.125
(22) Ibid. 138
(23) IGREJA ANGLICANA DO ZAIRE: "Kwa Imani Apolo, Gateshead (Grã-Bretanha), Paradigm Print, 1986, p.20
(24) Ibid.p.101
(25) Ibid.p.102
(26) Primeiro Sínodo diocesano de Bukavu, 6-13 de janeiro de 1983,
(27) Ibid, p.147
(28) Ibid.p.148
(29) Ibid.p.147

(30)   Monsenhor Mbona Kolini, em *Centenário da Igreja Anglicana no Zaire,* 1996, p.25.
(31)   Anne Luc, op.cit. p.12

Parte 2
SEGUNDO PERÍODO DA ERA MISSIONÁRIA
Capítulo 2
B. OS MISSIONÁRIOS EXPATRIADOS E A CONSOLIDAÇÃO DA A OBRA DE APOLO KIVEBULAYA (1933-1960)

Esta segunda fase do desenvolvimento da Igreja Anglicana do Congo abrange o período entre 1933, ano da morte de Apolo Kivebulaya, e 1960, ano da independência do Congo, que coincidiu com o desejo de africanização da liderança em todos os domínios.

A morte de Apolo foi um grande choque para a Igreja Anglicana em Mboga. Esta tinha acabado de perder na sua pessoa um líder e um pastor que conquistou a confiança dos fiéis através do seu grande amor pelo seu rebanho, um amor que não discriminava com base no género ou na tribo e que era totalmente dedicado à obra do Evangelho. Apolo não se limitou a pregar o Evangelho, mas toda a sua vida foi uma pregação viva das exigências da vida cristã, seguindo a vontade de Cristo. Depois dele, foram necessárias pessoas qualificadas para assumir as actividades deste valoroso homem de Deus. O período pós-Apolo Kivebulaya foi marcado por três acontecimentos importantes: a chegada dos missionários brancos a Mboga, a promoção do ministério pastoral e do ensino, a independência do Congo e a liberdade de culto.

1. Os missionários europeus em Mboga: política de chegada e de promoção

Antes da sua morte, e com base na sua experiência no Uganda, onde os missionários britânicos tinham trabalhado durante muito tempo, Apolo tinha manifestado o desejo de acolher na sua comunidade homens de Deus vindos da Europa. A razão para isso era que, até então, nenhum congolês tinha sido formado para o diaconato ou para o sacerdócio. Além disso, os catequistas da região só tinham frequentado a escola de alfabetização para ler a Bíblia, da qual tinham recebido os rudimentos. Anne Luck observa: "O P. Apolo pediu à CMS que enviasse um missionário europeu para assumir o trabalho em expansão em Mboga. Embora esperasse que os catequistas que tinha nomeado continuassem a ser treinados para a ordenação, ele próprio sabia da necessidade de um missionário bem formado e educado para consolidar o trabalho que tinha começado como pioneiro" (1).

O desejo de Apolo Kivebulaya tinha sido ouvido. Em junho de 1933, Albert Lloyd, um missionário reformado do Uganda, foi enviado para Mboga. Seguiu-se-lhe, em fevereiro de 1934, um jovem missionário, Charles A. Rendle. Mas antes da sua chegada, um outro missionário ugandês, Anania Binaisha, já tinha sido enviado para Mboga para assumir temporariamente a direção da Igreja.

Em 1935, o missionário inglês Reverendo R.C. Pelin chegou a Mboga. Era responsável pela Igreja e pela formação de catequistas. Como missionário leigo, Rendle era responsável pelo ensino (2) Em 1950, o Reverendo Philip Ridsdale chegou a Mboga. Assumiu o ensino e ocupou-se também da construção de escolas e igrejas. Mais tarde, em 1972, tornou-se o primeiro bispo da Igreja Anglicana do Congo.

A presença permanente de missionários europeus era necessária na colónia belga do Congo, onde o colonizador belga, cheio de preconceitos negativos em relação aos negros e às suas culturas, os desprezava. De facto, o governo belga recusou-se a reconhecer a concessão da missão de Mboga devido à falta de missionários brancos residentes que considerasse interlocutores válidos, apesar das rivalidades que caracterizavam o trabalho missionário no domínio da evangelização no Congo Belga, nomeadamente entre a Igreja Católica e outras confissões religiosas.

Os missionários europeus eram responsáveis por ministrar e ensinar nas suas próprias comunidades. Para tal, os missionários estrangeiros tinham primeiro de passar pela Ecole Coloniale em Antuérpia, na Bélgica, para receberem instruções sobre como tratar o negro e aprenderem francês, que era a língua oficial da colónia.

É um facto que, apesar da boa vontade destes missionários europeus, não conseguiram fazer progressos espectaculares como a Igreja Católica, que tinha o monopólio da missão de cristianizar e civilizar os congoleses.

O texto da Convenção de 26 de maio de 1906 entre Leopoldo II, rei dos belgas, e a Santa Sé, comentada por Crawford Young, propõe o princípio que se manterá em vigor até 1960:

"O esforço missionário devia ser maioritariamente de origem belga (...). A Concordata de 1960 estabeleceu um quadro para o desenvolvimento de um sistema de cooperação entre as missões e a administração. O Estado não só subsidiava as escolas das missões católicas, como também contribuía para a manutenção dos missionários. Outra ajuda muito importante foi a concessão oficial de 200 hectares de terra a qualquer missão estabelecida no Congo, que a podia utilizar tanto para fins comerciais como para satisfazer as suas próprias necessidades" (3).

É evidente que as missões católicas fizeram grandes progressos no desenvolvimento do Congo com o apoio do Governo belga.

A comunidade anglicana no Congo aprecia muito o trabalho dos missionários anglicanos em termos de evangelização e continua-lhes grata. No entanto, não acreditamos que o governo belga tenha proibido outras denominações religiosas de desenvolverem as áreas onde as suas missões estavam localizadas. A prova é que outras confissões, como os presbiterianos, os baptistas, os metodistas, os menonitas, etc., embora deixados à sua sorte, desenvolveram as suas missões e fizeram progressos apreciáveis no domínio da instrução dos seus cristãos.

A política da C.M.S. era deixar que os nativos encontrassem/descobrissem as suas próprias necessidades e depois permitir que a Sociedade Missionária se envolvesse. Esta poderia ser uma boa maneira de deixar as pessoas reflectirem sobre a sua própria situação e, como era o seu desejo, elas seriam mais envolvidas. No entanto, como é que os congoleses no mato poderiam estar a par das novas tecnologias que o missionário europeu era o único a oferecer-lhes?

Esta política, cremos, causou um sério atraso em muitos domínios do desenvolvimento da Igreja Anglicana no Congo. Se compararmos, ainda hoje, a estação missionária de Mboga com as outras estações missionárias criadas nas antigas colónias britânicas   , perguntamo-nos
          se os missionários   expatriados   tiveram
viveram efetivamente em Mboga. No caso do Bispo Philip Ridsdale, o primeiro bispo da diocese de Mboga, viveu numa casa com um telhado de palha até à sua reforma em 1980.

Reconheçamos que os missionários fizeram o que podiam numa colónia totalmente católica, e ninguém os deve censurar por isso. Podemos, no entanto, sublinhar que esta situação não foi um obstáculo ao Evangelho, que foi pregado por corajosos evangelistas de boa fé, pacientes e amantes do seu Senhor, sob a inspiração do Espírito Santo.

A Igreja Anglicana do Congo carece de recursos materiais e de pessoal competente para realizar um trabalho consistente: debates teológicos sobre as religiões africanas e outras, inculturação nas áreas da evangelização, catequese, liturgia, etc. É mais do que tempo de corrigir esta situação, dando alguma prioridade à formação de líderes religiosos e cristãos, sem negligenciar outros projectos de desenvolvimento. É mais do que tempo de corrigir a situação, dando prioridade à formação de líderes religiosos e cristãos, sem negligenciar outros projectos de desenvolvimento.

2. Promoção no ministério e no ensino

2.1. A primeira ordenação de congoleses ao diaconado e ao sacerdócio

Os primeiros congoleses a serem elevados ao diaconado foram Nasani Kabarole e Yusufu Limenya. Foram ordenados diáconos em 1937 e depois sacerdotes em 1940. A paróquia única de Boga, criada por Apolo Kivebulaya em 1897, teve de esperar 41 anos para ser dividida em duas: uma em Boga e outra em Kainama. O Reverendo Nassani Kabarole continuou a ser o   titular   da
paróquia   de Boga,   devido à   população da caravana , que   incluía   as
seguintes pessoas
Mboga, Walendu/Bindi e Walese, enquanto o Reverendo YusufU Limenya era responsável pela paróquia de Kainama. Ele cuidava das áreas de Nyali, Talinga, Nande e Pigmeus na floresta. Depois deste acontecimento, vários servos de Deus foram enviados para escolas bíblicas no Uganda. Os Reverendos Nasani Kabarole e Limenya Yusufu tinham tido uma formação teológica acelerada no Mukono College, no Uganda. À medida que o número de padres congoleses no campo de missão aumentava, foram abertas mais paróquias e capelas para reforçar a evangelização.

Pouco antes da independência do Congo, a Igreja Anglicana conheceu um certo crescimento com novas ordenações para o ministério e a abertura de novas paróquias ao mesmo ritmo que o número de clérigos aumentava, nomeadamente a de Bukiringi entre os Walendu/Bindi, criada em 1946; a de Bundingiri entre os Walese, criada em 1947; a de Ofayi fundada em 1955 e a de Kamango, entre os Watalinga e Amba, que surgiu em 1956.

Em 1947, foi consagrado o Bispo Alberi Balya. Foi o primeiro bispo africano na África Oriental. A estação anglicana de Mboga foi incluída na sua jurisdição.

Finalmente, entre 1930 e 1960, muitos missionários do Uganda fizeram visitas pastorais a Boga. Entre eles, havia bispos que vinham confirmar os fiéis.

2.2. Aprovação das escolas anglicanas pelo governo colonial belga

No que diz respeito à educação, o missionário Rendle tinha feito um esforço considerável para supervisionar as escolas que Apolo tinha deixado para trás. No entanto, estas seguiam o currículo do Uganda. Até os professores vinham do Uganda.

Em 1948, a escola primária de Mboga foi aprovada pelo inspetor provincial das escolas primárias, o que lhe permitiu receber subsídios regulares do governo colonial, tal como outras escolas protestantes.

Em 1951, as escolas de Mboga, Bukiringi e Bundingiri foram visitadas por um inspetor de educação belga. Nesta ocasião, a maior parte das aulas foram subsidiadas. O Sr. Rendle, que tinha regressado da Bélgica para o seu curso colonial, foi nomeado diretor e inspetor missionário da escola primária.

É de notar que todas estas escolas estavam ainda, nessa altura, maioritariamente no nível primário ou secundário inferior. Os primeiros monitores ugandeses foram gradualmente substituídos por assistentes congoleses (com uma formação modesta), ainda sob a direção do Sr. Rendle.

3. A liturgia lunyoro

Durante o tempo dos missionários europeus, a liturgia continuou a ser celebrada em Lunyoro. Todos os documentos litúrgicos estavam em Lunyoro: a Bíblia, o Livro de Oração Comum, o livro de cânticos, etc. A população envolvente era ainda obrigada a aprender esta nova língua, falada no Uganda e pelos Banyamboga. A população envolvente era ainda obrigada a aprender esta nova língua, falada no Uganda e pelos Banyamboga, para poder frequentar as aulas de catequese e participar no culto.

4. Uma igreja local

ᵉOs Banyamboga consideravam a Igreja Anglicana como sua propriedade privada e com razão, pois, como afirma Georges Titre Ande: "A Igreja de Inglaterra no Congo foi estabelecida principalmente graças ao chefe Paulo Tabaro II (17º rei da dinastia Mboga), que foi falar com o chefe Kasagama de Toro, no Uganda, para colocar esta região sob jurisdição britânica. O contacto com os ensinamentos da nova fé permitiu a Tabaro pedir a evangelistas que viessem difundir esses ensinamentos em Mboga"(4).

Legítimo porque: "*Cuius regio, illius religio*" ou "*Tal príncipe, tal religião*", como diz o ditado. Foi graças ao chefe Paulo Tabaro II dos Banyamboga que os ensinamentos sobre a nova fé, a Igreja Anglicana, foram introduzidos em Mboga.

No entanto, durante um longo período de 84 anos (1896-1980), esta Igreja permaneceu sob a administração e o controlo total da Igreja do Uganda, que, por sua vez, estava sob controlo britânico. O destino da Igreja Anglicana do Congo foi assim decidido no Uganda, embora, a partir de 1976, tenha sido criado um Conselho francófono com uma certa autonomia para a Igreja Anglicana do Burundi, Ruanda e Congo, que fazia parte da Província Eclesiástica do Uganda. Os sínodos que decidiam o destino da Igreja realizavam-se no Uganda, sem que os congoleses fossem envolvidos de forma substancial nas decisões. A administração central de todos os assuntos da Igreja estava no Uganda. Nesta situação, os Banyamboga estavam mais aptos a representar a Igreja do Congo, tanto mais que conheciam bem as línguas ugandesas.

5. **A difusão do anglicanismo em Masisi (Kivu do Norte) por imigrantes ruandeses (1936)**

Os imigrantes ruandeses estiveram na origem do estabelecimento do anglicanismo no território de Masisi já em 1936. Mas em 1950, a missão foi abandonada na sequência de conflitos políticos entre os belgas e os britânicos.

Uma segunda corrente de anglicanos veio do Ruanda para se estabelecer no território de Masisi em 1960. Infelizmente, em 1967, a Igreja Anglicana voltou a fechar as suas portas após a partida de dois evangelistas ugandeses: o Cónego Mukasa e o Reverendo Cibacibere.

6. **A penetração da Igreja Anglicana em Elisabethville (Lubumbashi) a partir da Rodésia do Norte (1950)**

A presença do anglicanismo na antiga província de Katanga remonta ao início da década de 1950, quando a Igreja Anglicana da Rodésia do Norte, atual Zâmbia, enviou padres para a fronteira do Congo Belga para servir os trabalhadores imigrantes no Copperbelt.

Em 1954, as actividades da Igreja Anglicana do Congo começaram sob o episcopado do Bispo Owen da Diocese do Norte da Zâmbia, trabalhando sob a égide dos missionários da Sociedade Unida para a Propagação do Evangelho (USPG) de Inglaterra.

A Igreja Anglicana em Elisabethville (Lubumbashi) começou com um pequeno grupo de trabalhadores imigrantes Bemba na zona. Estes anglicanos zambianos eram da tradição da High Church (anglo-católica) e um padre vinha da Zâmbia uma vez por mês para celebrar a missa. Ocupavam um pequeno edifício abandonado pela Igreja Reformada Alemã. Esta igreja estava confinada apenas à tribo Bemba e aos colonos britânicos que trabalhavam para a Union Minière du Haut Katanga. Não se expandiu, nem na cidade de Elisabethville, nem noutras partes da província de Katanga. Esta igreja foi dirigida por Sébastien Chungupengu, o primeiro catequista, que exerceu o seu ministério a partir de 1950, até que as dificuldades políticas provocaram a diminuição do número de membros após a independência do Congo. Em 1970, Pascal Chamfya assumiu voluntariamente a responsabilidade da Igreja como catequista, sem qualquer tipo de remuneração. Foi ordenado sacerdote aquando da chegada de D. Mbona Kolini Emmanuel, então Bispo Auxiliar da Diocese de Bukavu.

7. **A Igreja Anglicana do Congo no Conselho Protestante do Congo (CPC)**

A Igreja Anglicana do Congo, situada na região de Mboga, longe de outras igrejas e dos grandes centros urbanos, deixou o seu isolamento em 1956 para se juntar ao CONSELHO PROTESTANTE DO CONGO (CPC).

De facto, os missionários protestantes que trabalhavam no campo missionário no Congo Belga tinham realizado uma reunião internacional em Edimburgo (Escócia), em 1910, com o objetivo de formar uma plataforma para defender os interesses das igrejas protestantes no Congo Belga, onde o protestantismo era relegado para segundo plano. [Só após a independência do Congo é que as igrejas protestantes invadiram os grandes centros. A Igreja Anglicana do Congo levou uma década após a independência para se deslocar da sua base de Mboga para os grandes centros].

Após o Encontro Internacional de Edimburgo, a plataforma conhecida como "Conselho Protestante do Congo" foi criada e aprovada pelo governo belga em 1924. Foi autorizado a funcionar oficialmente, defendendo os direitos das missões protestantes no Congo Belga. Os participantes eram maioritariamente missionários europeus. A Igreja Anglicana do Congo ainda não tinha representantes válidos para participar nesta organização. Assim, com a presença de missionários europeus em Mboga, a Igreja Anglicana do Congo juntou-se a esta plataforma em 1956.

CONCLUSÃO PARCIAL

No tempo de Apolo, os missionários brancos visitavam a Igreja de Mboga, sobretudo para a administração dos sacramentos, mas nunca tinham vivido no terreno de Mboga. Foi só depois da morte deste grande homem de Deus que os missionários expatriados da C.M.S./Inglaterra vieram viver no campo de evangelização de Mboga. Eles retomaram o trabalho iniciado por Apolo Kivebulaya.

A Igreja está agora sob a direção dos missionários C.M.S., ainda sob a jurisdição eclesiástica do Uganda.

O trabalho de evangelização continuou, assim como a plantação de novas capelas e a ênfase foi colocada na formação para o ministério pastoral. Foram ordenados os primeiros padres anglicanos congoleses e foram abertas paróquias. A educação e a ação social, etc., estavam na ordem do dia.

As escolas primárias anglicanas foram aprovadas pelo governo colonial belga, que também lhes concedeu subsídios. A Igreja Anglicana deixou assim o seu isolamento e juntou-se à plataforma: Conseil Protestant du Congo (CPC).

NOTAS
Período B dos missionários expatriados

(1)   Anne Luck, "*African Saint, the story of Apolo Kivebulaya*", Grã-Bretanha, SCM Press Ltd, 1963, p. 149

(2)   Bezaleri Ndahura, *Implantation de l'Église anglicane au Zaïre, Dissertação, Kinshasa, Faculté Protestante de Théologie, 1974, p. 84 (não publicado)*

(3)   C. Young, *Introduction à la politique congolaise, Kinshasa-Kisangani-Lubumbashi, Ed. Universitaires du Congo, 1968, p. 14.*

(4)   Georges Titre Ande, *L'Eglise anglicane du Congo: une province francophone*, em Anglicanism A Global Communion, de Andrew Wingate, Kevin Ward & Carrie Pemberton (Ed.) Nowbray, 1998, p.98.

Parte 3

SEGUNDA ERA
A IGREJA ANGLICANA DO CONGO SOB A DIRECÇÃO DE
LÍDERES CONGOLESES (1960-2016)

Duas secções importantes serão desenvolvidas nesta parte do nosso estudo: a ascensão da Igreja Anglicana e a sua influência após o centenário do seu estabelecimento no Congo.

Capítulo 3

A. DESENVOLVIMENTO DA IGREJA ANGLICANA DO CONGO: DA INDEPENDÊNCIA AO CENTENÁRIO DA FUNDAÇÃO DA IGREJA (1960-1996)

1. A independência do Congo e a liberdade de culto

1.1. Independência do Congo

Na sequência da Conferência de Berlim de 1885, que estabeleceu regras internacionais destinadas a pôr termo às rivalidades entre as potências europeias em África e a garantir assim uma ocupação efectiva do continente, as terras sob o controlo da Association Africaine pour le Congo (AIC) ficaram sob a autoridade do rei belga Leopoldo II, que as transformou num Estado independente para seu próprio benefício. Em 1908, o parlamento belga aceitou tomar posse do Congo e torná-lo uma colónia. O Estado Independente do Congo tornou-se o Congo Belga até 1960.

É de notar que, após a Primeira Guerra Mundial (1914-1918), Ruanda-Urundi, uma colónia alemã que fazia parte integrante da Igreja Anglicana do Uganda, tal como o Congo, tornou-se um território sob mandato concedido pela Liga das Nações (SDN) à Bélgica. Note-se que, mais tarde, a Bélgica passou a designar o território por Congo Belga e Ruanda-Urundi.

Em 30 de junho de 1960, o Congo Belga tornou-se independente e passou a ser a República do Congo. O seu Presidente era Joseph Kasavubu e o seu Primeiro-Ministro, Patrice Emery Lumumba. O Ruanda-Urundi continuou a ser um território de confiança governado pela Bélgica. erSó em 1 de julho de 1962 é que o Ruanda e o Burundi se tornaram independentes, passando a ser dois países autónomos: a República do Ruanda (01/07/1962) e a República do Burundi (02/07/1962).

Quando o Congo se tornou independente, após oitenta anos de colonização belga, não foi feita qualquer preparação séria para que os congoleses tomassem as rédeas do país nos domínios político, administrativo e eclesiástico. Os congoleses foram, portanto, obrigados a usar o seu bom senso nos cargos de direção. No entanto, registaram-se progressos significativos no exercício do ministério religioso.

1.2. Liberdade de religião

Aquando da independência, com o Estado declarado laico, todos os congoleses passaram a ser livres de praticar a religião da sua escolha. Este facto marcou o fim do monopólio da Igreja Católica Romana, que tinha sido a igreja do Estado durante a época colonial. No entanto, a influência da Igreja Católica, que, por si só, dispunha de boas escolas e de estruturas sociais sólidas, continuaria a fazer-se sentir durante muito tempo na administração e mesmo nos assuntos sociais e políticos do Congo independente. Além disso, a maior parte dos detentores do poder após a independência católica não hesitaram em praticar, em muitos casos, discriminações religiosas e sociais.

No entanto, em termos jurídicos, protestantes e católicos estavam em pé de igualdade: todos recebiam do Estado as mesmas facilidades para melhor educar os jovens e exercer o seu apostolado.

Com a liberdade de culto concedida a todos aquando da independência do Congo, certos movimentos religiosos que tinham resistido à opressão colonial e que tinham atingido um nível de organização apreciável saíram da clandestinidade para fazer proselitismo às claras: o kimbanguismo, o bapostolo, o vandismo, o nsambi ka yololo, o bundu diakongo, o islamismo, etc., tornaram-se igrejas ou religiões de pleno direito reconhecidas pelo governo.

Por outro lado, alguns nacionais fundaram novas comunidades eclesiais que foram rapidamente reconhecidas pelo Estado. Todas estas comunidades confessaram Cristo e afirmaram-se como cristãos ortodoxos. Ao mesmo tempo, chegaram também comunidades protestantes e congregações missionárias católicas que nunca tinham trabalhado no Congo. O país permaneceu aberto a outras comunidades estrangeiras e nacionais. Todas estas comunidades se instalaram e se dedicaram à evangelização, à educação, ao trabalho médico e ao desenvolvimento, ao lado das que já lá estavam desde a colonização. Correram contra o tempo, num espírito de competição, e ocuparam todos os cantos do país. Foi durante este período que a Igreja Anglicana deixou a sua sede em Mboga para se juntar às outras igrejas na evangelização de todo o Congo. Para os nativos, a liberdade de culto significava que podiam ir rezar na igreja da sua escolha. A partir daí, alguns até se dedicaram à "prostituição espiritual" e tornaram-se membros de várias igrejas ao mesmo tempo.

É também de salientar as numerosas dissidências entre as várias comunidades protestantes, principalmente por razões tribais, por interesses económicos e financeiros ou pela corrida ao poder. Este facto levou muitas vezes à criação de novas comunidades com os mesmos nomes, mas sem uma doutrina visivelmente distinta.

2. Personalidade civil

Quando a Igreja Anglicana ainda estava nas mãos de missionários e expatriados africanos, a sua expansão foi muito lenta.

Quando o país conquistou a sua independência, a Igreja Anglicana do Congo, após 64 anos de existência, tinha 6 paróquias, 90 capelas e muitas escolas primárias. Nessa altura, já estava estabelecida em três províncias   administrativas do Congo   : a Província do Congo, a Província do Congo e a Província   do Congo.
Orientale, Kivu e Katanga.

Após a partida precipitada dos missionários na sequência dos infelizes acontecimentos que se seguiram à independência, os membros nacionais da Igreja Anglicana do Congo aperceberam-se da necessidade de alargar a sua Igreja a outras províncias do país.

Simultaneamente, os representantes legais da associação sem fins lucrativos "Eglise Anglicane Congolaise" apresentaram um pedido de estatuto civil ao governo congolês em 17 de maio de 1960. ᵉʳEste estatuto foi concedido por Despacho Presidencial de 1 de dezembro de 1960, publicado no Moniteur Congolais, n°1 de 3 de janeiro de 1961 (Jornal Oficial da República do Congo da época). Esta portaria marcou o reconhecimento oficial da Igreja Anglicana Congolesa pelo governo e autorizou-a a operar legalmente em todo o país.

Eis o texto da portaria que concede o estatuto civil à associação "Eglise Anglicane Congolaise", reconhecendo oficialmente os seus dirigentes:
REPÚBLICA DO CONGO
Despacho de concessão do estatuto civil à associação "Eglise anglicane congolaise".
O Presidente da República;
Tendo em conta a Lei Fundamental de 19 de maio de 1960, nomeadamente o seu artigo 20;
Tendo em conta o decreto-lei constitucional de 29 de setembro de 1956;
Tendo em conta o decreto de 27 de novembro de 1959 relativo às associações sem fins lucrativos;
Tendo em conta o pedido de 17 de maio de 1960 dos representantes legais da associação "Eglise Anglicane Congolaise" ;
Sob proposta do Comissário Geral da Justiça;
Encomendas:
Artigo 1.
É concedido o estatuto civil à associação "Eglise Anglicane Congolaise", com sede em Mboga, Território de Bunia, Província Orientale, cujo objetivo é a evangelização, o ensino e o trabalho médico e social junto da população.
O Sr. Ndahura Bezaleri, professor do ensino primário, foi aprovado como representante legal da associação, e o Sr. Byakisaka Festo, pastor, e o Sr. Mwaka Isaka, professor do ensino primário, todos residentes em Mboga, foram aprovados como representantes legais adjuntos.
Artigo 3.
O Comissário Geral da Justiça é responsável pela aplicação deste despacho.

^{er}Feito em Leopoldville, em 1 de dezembro de 1960.
J. KASA-VUBU
Pelo Presidente da República,
O Comissário Geral da Justiça
SR. LIAHU.

As igrejas congolesas, que até então eram dirigidas por missionários brancos, foram gradualmente entregues a líderes nacionais. O ano de 1960 marcou um passo decisivo para a liderança congolesa da Igreja. Com o advento da independência, os missionários foram obrigados a entregar a direção das Igrejas aos nacionais. Por conseguinte, quando a Igreja Anglicana Congolesa obteve o seu estatuto civil em 1 de dezembro de 1960, tal como mencionado neste Decreto, teve o seu primeiro Representante Legal Congolês oficialmente reconhecido.

Em 1961, o Rev. Festo Byakisaka foi nomeado Decano da Igreja Anglicana Congolesa pelo Bispo da Diocese de Ruwenzori. Nesta qualidade, substituiu o Rev. Walugyo, um ugandês. Em 1968, a Igreja Anglicana Congolesa foi erigida em Arquidiocese, com sede em Mboga. O Rev. Festo Byakisaka foi o primeiro Arquidiácono.

3. A entrega ao CMS ou a transferência oficial de responsabilidades para os congoleses

^{er}A Church Missionary Society (CMS), que tinha apoiado a Igreja Anglicana congolesa desde o seu início, viu agora a necessidade de entregar a gestão da Igreja de Mboga aos líderes congoleses nomeados pela ordem presidencial de 1 de dezembro de 1960 e a outros, a todos os níveis e em todos os domínios.

Assim, a 30 de janeiro de 1967, o CMS escreveu oficialmente uma carta ao Bispo da Diocese de Ruwenzori, transferindo a autoridade e a responsabilidade que detinha para a igreja indígena de Mboga:
SOCIEDADE MISSIONÁRIA DA IGREJA
Telefone: Kampala 64044
Telegrama: "Testemunho, Kampala
Escritório: Namirembe
P.O.Box 14051 Kampala, Uganda
30 de janeiro de 1967
Ao Bispo de Ruwenzori
P. O. Box 37 Fort Portai
Preocupações: CMS e Igreja Anglicana do Congo, Mboga.
Caro Bispo,
Escrevo-lhe a propósito da relação entre o CMS e a EAC. Uma vez que a Sociedade não conseguiu encontrar um substituto para o Sr. Rendle e parece que haverá pouca esperança de enviar missionários para lá no futuro, estou certo de que as responsabilidades devem ser formalmente transferidas para a Igreja Anglicana Congolesa (EAC).
Escrevo-vos, portanto, em nome da CMS, para libertar toda a responsabilidade anteriormente detida pela nossa sociedade missionária no que respeita às finanças e à administração do trabalho médico, educativo e pastoral levado a cabo na Igreja de Mboga. Autorizo, por este meio, a transferência de autoridade e responsabilidade para a Igreja Anglicana do Congo.
Com os melhores cumprimentos
Sé/NORMAN,
Representante da CMS /Uganda (1)

4. A mudança de nome da Igreja

Os membros do Conselho Executivo da EAC, depois de terem examinado o nome inicial da sua associação sem fins lucrativos (ASBL), decidiram alterá-lo e dar-lhe um nome mais apropriado. Em vez de "Eglise Anglicane Congolaise", optaram por *"Eglise Anglicane du Congo"*, que lhes pareceu mais expressivo.

O Conselho Executivo da Igreja Anglicana do Congo decidiu utilizar o nome "Anglicana" e a preposição "du" em vez de *au.* A ideia é que não é a Igreja dos ingleses que está a ser transferida para o Congo, mas sim uma Igreja congolesa que partilha a doutrina da Igreja tal como interpretada pela reforma anglicana (2).

[er]Assim, a 1 de julho de 1967, a maioria dos membros efectivos da EAC enviou uma carta ao Ministério da Justiça, solicitando uma modificação dos seus Estatutos de 1960, especialmente no que diz respeito ao artigo relativo ao nome da Igreja. O seu pedido foi aceite e eis o texto do despacho ministerial.

REPÚBLICA DEMOCRÁTICA DO CONGO
MINISTÉRIO DA JUSTIÇA
31ª DIRECÇÃO
ADMINISTRAÇÃO DE CULTOS E ASSOCIAÇÕES
Decreto Ministerial nº 108/68 de 10/07/68 que aprova a alteração dos estatutos da associação sem fins lucrativos "Eglise Anglicane Congolaise".
O Ministro da Justiça;
Tendo em conta o decreto-lei de 18 de setembro de 1965, relativo às associações sem fins lucrativos, nomeadamente os artigos 12º e 13º;
[er]Tendo em conta a portaria de 1 de dezembro de 1960, que atribui personalidade jurídica à associação sem fins lucrativos "Eglise anglicane congolaise".
Tendo em conta o despacho ministerial de 11 de janeiro de 1967, que aprova os estatutos e a nomeação das pessoas responsáveis pela administração ou gestão da associação sem fins lucrativos acima referida;
Tendo em conta a decisão de 1 de julho de 1967 da maioria dos membros efectivos da mesma associação ;
ARRETE:
Artigo único:
[er]É aprovada a decisão tomada em 1 de julho de 1967 pela maioria dos membros efectivos da associação sem fins lucrativos "Eglise Anglicane Congolaise", que lhe dá o nome de *"Eglise Anglicane du Congo"*, abreviadamente designada por EAC.
Kinshasa, 10 de julho de 1968,
Sé/ J. N'SINGA
Membro do Bureau Político do MPR.
Para uma cópia autenticada,
Kinshasa, 20/07/1968
Pelo Diretor Chefe de Departamento,
O Diretor Adjunto Chefe de Secção,
Sé/B. BAKPABUA -

5. Expansão da Igreja Anglicana do Congo fora de Mboga

Antes de 1968, a EAC já tinha sido introduzida em três províncias: Província Orientale, Kivu e Katanga.

A Igreja Anglicana no Congo conheceu uma expansão espetacular à medida que as populações locais assumiam o controlo. Saiu da zona de Mboga para chegar às cidades, aos grandes centros e às outras províncias administrativas da República Democrática do Congo.

A partir de 1968, a Igreja Anglicana estendeu-se à cidade de Bunia, no norte (a 120 km de Mboga) e aos territórios de Béni e Lubero, no sul (a 200 km de Mboga), na província de Kivu. De

Bunia, chegou também a Kisangani, capital da província de Orientale (900 km de Mboga), com a ajuda de estudantes de Mboga, incluindo Ndahura Bezaleri e outros que frequentavam a Universidade Livre do Congo em Kisangani.

Em 1969, três sacerdotes congoleses foram ordenados em Mboga por D. Yonasani Rwakaikara, Bispo da Diocese de Ruwenzori. Eram eles o Rev. Tibafa Mugera, que mais tarde se tornou Bispo de Kisangani; Rwahuire Mugarwa, que mais tarde foi nomeado Arquidiácono de Mboga; e Apando Yosiya.

Entre 1960 e 1970, a Igreja Anglicana no Congo expandiu-se rapidamente sob a direção congolesa. Sete das oito tribos já evangelizadas pela EAC já tinham um ou mais sacerdotes. Embora a cidade de Béni já tivesse sido evangelizada em 1968, foi só em 1970 que a EAC se expandiu para o território com o mesmo nome. Um ano mais tarde, em 1971, o centro de Butembo foi evangelizado a partir de Mboga.

Apesar de toda esta expansão, a Igreja Anglicana continuava a carecer de pessoal competente e de recursos materiais suficientes e consistentes: não dispunha de recursos financeiros para fazer face aos custos de transporte em longas distâncias e para levar a cabo as tarefas administrativas. Muitas paróquias nem sequer tinham escritórios paroquiais. Por vezes, o pároco passava mais tempo a caminhar longas distâncias da sua paróquia do que a exercer o seu ministério. Faltava-lhe tempo para aprender mais sobre o seu ministério, ou mesmo para refletir sobre uma liturgia viva e compreensível, capaz de reavivar a fé do seu rebanho. Faltava-lhe também o tempo necessário para reforçar a fé dos cristãos e para a acompanhar. No entanto, durante este período pós-independência, a Igreja demonstrou a sua maturidade, organizando a sua administração o melhor que pôde e deixando a sua pátria para levar a Boa Nova a todo o lado.

Há, no entanto, um facto lamentável: a Diocese de Mboga-Zaire monopolizou a história da Igreja Anglicana durante mais de meio século. Durante todo esse tempo, a Igreja permaneceu confinada às zonas rurais de Mboga e à parte noroeste do Beni. Há três razões prováveis para este facto:

Em primeiro lugar, a Conferência de Edimburgo de 1910 tinha atribuído à CMS um campo de evangelização, a maior parte do qual se situava nas colónias britânicas do que nas colónias francesas. A Igreja Anglicana não podia desenvolver-se para além da sua área missionária claramente definida.

Em segundo lugar, de acordo com a legislação colonial, os colonos belgas não podiam encorajar o trabalho missionário de outras igrejas que não a Igreja Católica Romana.

Por fim, a inculturação do evangelho tribalista em Mboga e arredores. Os Bahema e os seus vizinhos, os Nande de Kainama, os Walendu Bindi, os Wanyali, os Watalinga e os Walese, fizeram do cristianismo   inglês a sua   própria   herança   religiosa e mantiveram-na aí.
guardam ciosamente o seu património cultural tradicional. De facto, como já foi referido, o catecismo e o *Livro de Oração Comum* (LPC) foram escritos em kihema (lunyoro) e impostos às outras tribos vizinhas até 1973, altura em que o LPC foi traduzido para swahili. [2]Assim, de 1896 a 1973, a Igreja marginalizou-se e cobriu apenas uma área de mais ou menos 80 km.

A estas três razões principais, podemos acrescentar a questão da identidade. Devido ao qualificativo "anglicana", esta Igreja parecia inicialmente ser um assunto especificamente inglês e, por conseguinte, suscitou dúvidas no espírito dos evangelizadores. Esta é uma das razões pelas quais alguns países preferiram mudar o nome   "Igreja Anglicana   " para "Igreja   Episcopal   " desanglicanizar" o anglicanismo. No entanto, na República Democrática do Congo, o Conselho Executivo da EAC decidiu manter o nome "Igreja Anglicana".

6. Crescimento rápido dos ensaios

A criação da Diocese de Mboga-Zaire em 1972 acelerou a difusão do Evangelho pela Igreja Anglicana. Por várias razões, a Igreja Anglicana sofreu uma expansão extraordinária, com um afluxo maciço de novos cristãos.

Houve um grande número de baptismos no meio atingido pela Igreja Anglicana. Os novos convertidos descobriram nesta Igreja o que há muito lhes era desconhecido e que correspondia às suas aspirações: a importância dada à leitura da Bíblia, à pregação e à oração, a comunhão nas suas duas espécies, a confissão dos pecados feita diretamente a Deus e a confissão auricular a pedido do indivíduo, etc.

Além disso, quando, em 1970, o Estado recusou o estatuto civil às confissões religiosas cuja organização jurídica ou doutrinas não estavam bem definidas, e estas procuraram juntar-se a outras confissões que já tinham estatuto civil, a Igreja Anglicana recebeu muitos cristãos dessas confissões, particularmente nas províncias de Kasai Oriental, Kasai Ocidental, Katanga, na cidade de Kinshasa e na sub-região de Maniema, com o objetivo de os instruir na fé anglicana.

Além disso, com a liberdade descoberta com a independência em 1960, as Igrejas também registaram movimentos de cristãos de uma Igreja para outra. A Igreja Anglicana acolheu cristãos de outras denominações, incluindo a Igreja Católica Romana, igrejas pentecostais e outras igrejas reformadas.

Há um outro lado da moeda, e estas novas adesões maciças conduziram a dois desenvolvimentos importantes que merecem ser destacados:

Em primeiro lugar, havia muito poucos pastores para um rebanho tão grande. O número de cristãos era tão desproporcionado em relação ao número de padres e de evangelizadores que era quase impossível uma pastoral de qualidade. Para além deste problema de quantidade, havia o problema da qualidade dos evangelizadores: não estavam suficientemente formados para lidar com situações novas e, muito menos, para sair do seu ambiente habitual e ir evangelizar outras tribos cujos costumes e moral eram contrários aos do evangelizador. Estes evangelizadores, sem qualquer noção de etnografia ou de antropologia cultural, deparavam-se frequentemente com problemas de incompreensão.

Em segundo lugar, é difícil para os cristãos de outras confissões esquecerem o que aprenderam com o catecismo, a teologia ou a liturgia das suas igrejas de origem, cuja visão não era muitas vezes a mesma que a da igreja de acolhimento. Aqueles que foram admitidos em massa com o seu chefe, por exemplo, queriam continuar a estar sob a autoridade do seu chefe. Tinham dificuldade em obedecer ao pastor da igreja que os tinha recebido. Isto levou a uma verdadeira luta pela liderança na Igreja. Esta situação levou por vezes a Igreja Anglicana a tribunal. Foi o caso do Arquidiocese de Kananga, onde um certo Kalala se proclamou bispo anglicano e tomou a liberdade de levar a tribunal a Diocese de Bukavu, da qual dependia este Arquidiocese, alegando que estava a usurpar os seus direitos, uma vez que tinha sido ele a confiar estes fiéis à Igreja Anglicana. Mas graças ao dinamismo do Venerável Mudibwa e com o apoio da diocese de Bukavu, a Igreja ganhou o processo. Do mesmo modo, em Lubumbashi, um certo Sakambuya proclamou-se Arcebispo da Igreja Anglicana do Congo.

Estas querelas mantiveram-se durante o governo do Arcebispo Ndahura Bezaleri, então Bispo da Diocese de Bukavu. Continuaram sob os Bispos Dirokpa Fidèle e Mbona Kolini, que assumiram o comando de Katanga, e até se politizaram sob o Bispo Henri Isingoma Kahwa, o que o terá levado ao exílio em Limuru, no Quénia, em 1999.

Perante toda esta torpeza, em 1986, o Conselho Executivo da Igreja Anglicana exigiu que as pessoas que quisessem aderir à Igreja Anglicana o fizessem como indivíduos e não como um grupo ou associação de indivíduos.

Por fim, a Igreja viu-se confrontada com problemas de autoridade, doutrinal, estrutural e litúrgica. Eram necessários homens bons para persuadir as pessoas a mudar de opinião e a adotar a tradição anglicana, através de um ensino diligente e eficaz, mas, infelizmente, isso não era possível na maioria dos casos.

Também não devemos perder de vista o apego tenaz de muitos africanos aos seus costumes e tradições, o que também exigia uma catequese judiciosa para garantir que a Igreja mantivesse o seu rosto cristão, sem necessariamente travar uma guerra cega contra a cultura local. Mas os pregadores africanos, por vezes zelosos, continuaram frequentemente com a iconoclastia da era missionária contra as crenças e os costumes tradicionais, o que estava longe de conquistar novos seguidores para Cristo.

Em suma, na sua rápida expansão, a Igreja Anglicana registou uma escassez em áreas-chave da sua vida:

A falta de recursos humanos. Como já dissemos, havia uma falta gritante de pessoal qualificado para fazer face ao número crescente de cristãos. Além disso, é de notar que a Igreja, que durante muito tempo tinha trabalhado no mato, chegava agora ao meio urbano, composto por pessoas mais instruídas que precisavam de formadores igualmente qualificados.

Escassez de recursos materiais. A Igreja também se debatia com o espinhoso problema da falta de terrenos para as suas infra-estruturas de construção: igrejas, residências para os servos de Deus, especialmente nos centros urbanos, pelo que, por vezes, tínhamos de alugar ou pedir a um cristão generoso que nos alojasse. Havia também falta de bens de primeira necessidade para o culto, como a Bíblia, o *Livro de Oração Comum Anglicano*, livros de cânticos, etc., para não falar de outras necessidades que aumentaram com a expansão do campo de evangelização: paramentos eclesiásticos para o culto, cálices, registos diversos, etc.

A escassez de recursos financeiros. A Igreja Anglicana viu-se sem qualquer fonte financeira para suportar os vários encargos pastorais e administrativos da Igreja em crescimento. Os líderes da Igreja e os cristãos estavam a fazer o seu melhor, mas isso estava longe de satisfazer as necessidades da Igreja em crescimento. Esta situação de pobreza foi bem observada pelo Cónego Bill Norman, Comissário da Província da Igreja Anglicana do Congo (PEAC), na Grã-Bretanha, durante a celebração do Centenário desta Igreja, a 30 de maio de 1996, em Mboga: "A Igreja Anglicana do Zaire é vigorosa mas muito pobre. O clero não é remunerado no verdadeiro sentido da palavra. Vivem do produto dos seus campos ou como fabricantes de tendas. Não esperam receber salários de lado nenhum, mas a Igreja pede ajuda para projectos de desenvolvimento, bolsas de estudo e os salários de algum do seu pessoal especializado, como secretários, contabilistas e dactilógrafos. (4)

7. A Igreja Anglicana do Congo no seio da Igreja de Cristo no Congo (ECC)

Em 8 de março de 1970, o Conselho Protestante do Congo (CPC), do qual a Igreja Anglicana do Congo (EAC) fazia parte desde 1956, tornou-se uma igreja: a Igreja de Cristo no Congo (ECC). A Igreja Anglicana do Congo foi automaticamente incorporada nesta nova igreja.

A lei de 31 de dezembro de 1971 e as suas consequências estabeleceram e instituíram a Igreja de Cristo no Zaire (ECZ) como o único quadro reconhecido para a existência, presença e ação do protestantismo no país.

Em 1910, a conferência missionária internacional de Edimburgo foi um ponto de partida muito importante para o reagrupamento das missões protestantes. O objetivo desta conferência era criar uma plataforma protestante para resistir à discriminação sócio-religiosa do Estado colonial, que era totalmente católico, e delimitar o campo de evangelização para evitar conflitos entre as diferentes denominações.

O Conselho Protestante do Congo foi criado em 1924, em resposta às recomendações desta conferência. Os protestantes dispunham assim de um organismo que os representava e defendia os seus direitos.

É de salientar que o CPC era um órgão sem poder sobre as missões dos seus membros; a sua autoridade era estritamente consultiva.

Enquanto o Conselho Protestante do Congo tinha apenas poderes consultivos, a Igreja de Cristo no Congo arroga-se poderes legislativos através dos sínodos nacionais e provinciais. A estrutura administrativa da Igreja de Cristo no Congo seguiu o modelo do Mouvement Populaire de la Révolution (MPR), o partido estatal do Presidente Mobutu no Zaire. Os líderes da Igreja a todos os níveis tinham o título de "Presidente". O nome *Igreja* foi substituído pelo de *Comunidade,* precedido do número de registo da denominação na Igreja de Cristo no Zaire (ECZ). ᵉPor exemplo: *ECZ-H Communauté Anglicane du Zaïre.* (A ECC é constituída por 96 comunidades, este ano de 2016, e o número aumenta todos os anos, com a constante aprovação de novas seitas ou de certos membros das chamadas Revival churches.

Esta reforma, introduzida pelo Bispo Bokeleale, então Presidente da CCE, foi uma ideia brilhante para restaurar a unidade protestante. Tentativas semelhantes foram bem sucedidas noutros países, como a Índia, o Paquistão, etc., onde várias denominações protestantes - incluindo a Igreja

Anglicana - concordaram em formar uma única igreja: *Igreja do Sul da Índia, Igreja do Norte da Índia , Igreja do Paquistão* , etc. Nos anos 60 , estas As denominações cristãs reuniram-se para examinar a sua estrutura organizativa e, sobretudo, as respectivas doutrinas e liturgias. Acabaram por adotar o que consideravam ser bom e correto em cada igreja particular, fazendo concessões noutras áreas. Assim, por exemplo, a nova Igreja adoptou dos anglicanos o sistema do episcopado histórico e a estrutura litúrgica. Esta mesma iniciativa foi experimentada com sucesso pela *Igreja Unida do Canadá*, composta pela Igreja Presbiteriana, a Igreja Metodista e a Igreja Congregacional. No entanto, esta tentativa falhou na Austrália. Porquê ????

A reforma da *Igreja de Cristo no Congo* deteve-se, infelizmente, nos aspectos administrativos, negligenciando totalmente os aspectos teológicos, doutrinais e litúrgicos, que são o próprio fundamento de uma Igreja. Esta reforma não deixou de complicar o funcionamento normal das outras confissões protestantes, que não tardaram a manifestar o seu descontentamento em relação a certos pontos.

Em 29 de dezembro de 1973, a Igreja Anglicana do Congo enviou um memorando à ECZ devido à sua interferência nos assuntos internos de outras igrejas anglicanas. Igrejas-membro, incluindo a imposição de uma estrutura administrativa e o desrespeito pela tradição de outras igrejas com as suas "igrejas-mãe" no estrangeiro, o abandono do nome Igreja *Anglicana* por uma simples Comunidade Anglicana, a obrigação de re-batizar os fiéis anglicanos que se juntam a outras denominações protestantes da ECZ, a acusação de que a liturgia anglicana não reflecte a Reforma na sua conceção da doutrina da Eucaristia, a delimitação forçada do campo de evangelização, etc. A isto acresce o facto de algumas comunidades do CCE não baptizarem na água, em nome da Santíssima Trindade (Mt 28,19; Jo 3,5). Por fim, perguntamo-nos que tipo de Igreja é a Igreja de Cristo no Congo e qual é a sua doutrina! Ela baseia-se num único slogan: "*Unidade na diversidade*", sem qualquer respeito pela especificidade das comunidades membros.

Dado que todas estas circunstâncias colocavam a Igreja Anglicana do Congo numa situação desconfortável, pela sua carta n° CAZ/RL/474/81 de 12 de janeiro de 1981, Sua Graça Ndahura Bezaleri, Representante Legal Nacional da EAZ, notificou oficialmente o Bispo Bokeleale, Presidente Nacional da ECZ, da retirada da Igreja Anglicana do Zaire (EAZ) da Igreja de Cristo no Congo. Isto foi feito durante o Sínodo Nacional da ECZ realizado em janeiro de 1981 no Instituto Bwindi em Bukavu.

ᵉᵉDepois da retirada oficial do EAZ da ECZ, alguns "aventureiros", como o Reverendo Lumbala, um padre anglicano de Kinshasa que foi expulso do país, e os seus acólitos, tentaram substituir a 11 Communauté Anglicane du Congo pela *11 /bis Communauté anglicane du Congo*, nomeando-se ele próprio bispo desta segunda comunidade. Nas suas tentativas, recebeu o apoio e o encorajamento de alguns dirigentes da ECZ, mas graças à nossa grande vigilância, as suas tentativas não deram em nada. A Igreja de Cristo no Congo acusou também a Igreja Anglicana do Congo junto do governo de ser um desordeiro no seio das comunidades protestantes, alegando que ela se opunha à unidade, etc.

Na sequência dos pedidos incessantes da ECZ, e consciente da sua posição de *via média*, o EAZ aceitou reintegrar a Igreja de Cristo no Zaire. Esta decisão foi tomada durante a reunião do Conselho Nacional realizada em Lubumbashi a 3 de novembro de 1986, após a inauguração da Diocese de Shaba.

Em 24 de maio de 1989, o Colégio dos Bispos Anglicanos notificou o Sínodo Nacional da ECZ, realizado em Kinshasa na data acima referida, da decisão de reintegrar a Igreja Anglicana do Zaire na Igreja de Cristo no Zaire.

O compromisso alcançado estipulava que a ECZ deveria abandonar qualquer interferência nos assuntos internos da Igreja Anglicana do Zaire, que tinha uma estrutura internacional no seio da Comunhão Anglicana mundial.

As relações entre a Igreja Anglicana do Congo e a Igreja Católica Romana e outras igrejas são boas (Sl 133).

8. Formação em gestão

Uma das soluções para os problemas de falta de pessoal acima referidos consistia em dotar a Igreja de pessoal com formação suficiente para prestar assistência pastoral nas zonas urbanas ou nas grandes aglomerações urbanas, e para se ocupar de certas tarefas administrativas e do ensino teológico e bíblico nas Dioceses e na Província Eclesiástica. Também era necessário pessoal bem formado como capelães nas escolas primárias e secundárias do país, nos colégios e universidades, nos hospitais e nas prisões.

No entanto, a Igreja Anglicana no Congo continuou a formar os seus pastores em escolas bíblicas no Uganda, no Quénia e na Tanzânia, onde a língua de formação era o swahili, ao passo que a língua de ensino no Congo é o francês. Enquanto o swahili é falado na parte oriental do país, o francês é falado em todo o país. É utilizado para comunicar com os intelectuais e outras pessoas que frequentaram a escola, mesmo que apenas a nível primário.

Neste contexto, como é que os pastores da Igreja Anglicana, implantada em todas as províncias do Congo, podiam comunicar com os seus fiéis e com todos os intelectuais que frequentavam a sua comunidade?

Para remediar esta situação e melhorar a imagem dos servos de Deus, que pareciam não ter instrução no seu lugar de serviço, Sua Graça Ndahura Bezaleri, então Bispo da Diocese de Bukavu e Arcebispo da Província do Burundi, Ruanda e Zaire, criou *o Instituto Teológico Interdiocesano* (I.T.I.) a nível secundário em Bukavu, a 19 de fevereiro de 1979. Oferecia cursos de teologia e cursos gerais do currículo nacional das escolas secundárias do Zaire. A sua missão era permitir que os alunos passassem no exame de Estado e fossem para a universidade. O instituto formou duas turmas. O Reverendo Meness, um missionário americano, era o Diretor do I.T.I. E muitos dos professores, incluindo o próprio Arcebispo, davam um ensino de qualidade. Mas devido à sua insubordinação ao Bispo, o Reverendo Meness foi declarado *persona non grata* e foi obrigado a regressar à sua Igreja de origem, a Igreja Episcopal dos Estados Unidos, em 1980, mas o Instituto continuou a funcionar.

O Instituto foi encerrado em 1982, depois de ter formado uma turma. Alguns destes diplomados foram ordenados sacerdotes mais tarde, como os Reverendos Nkomero Ciri e Asaula.

Os pastores precisavam de ser formados a nível universitário. Para o conseguir, Sua Graça Ndahura Bezaleri *criou o Institut Supérieur Théologique Anglican* (ISThA) em Bukavu, a 5 de novembro de 1981. Inicialmente, o ISThA acolheu estudantes congoleses de todas as dioceses, incluindo Burundi, Madagáscar e Guiné-Conacri. Só formou uma turma em Bukavu. O Reverendo Dr. William Bailly (um missionário americano da Igreja Episcopal dos Estados Unidos) foi o seu primeiro Diretor Geral.

Após a morte súbita de Sua Graça Ndahura Bezaleri, o ISThA funcionou no centro diocesano de Bukavu até ao ano académico de 1983-1984. Foi então encerrado
por razões orçamentais, enquanto os estudantes do   segundo ano do curso
estavam no segundo ano do seu curso. Entretanto, o seu Diretor-Geral teve de regressar aos Estados Unidos no final do seu contrato. O instituto permanece encerrado até 1987.

Em 1986, para maior eficiência, o Conselho Executivo da Igreja Anglicana do Congo decidiu que o ISThA deveria ser transferido de Bukavu para Bunia, muito perto da sede da representação legal, então sob a presidência de D. Patrice Njojo Byankya, Bispo da Diocese de Boga, sucessor de Sua Graça Ndahura Bezaleri. A transferência teve lugar em 1987 e o Instituto ficou sob a direção do Reverendo Jérémie Pemberton.

A partir de 1989, o ISThA organiza uma licenciatura em teologia e um Centro de Formação Bíblica (CFB) para as mulheres que não possuem um diploma do Estado e para qualquer outro candidato que deseje seguir uma formação bíblica. Mas, devido a restrições orçamentais, o ISThA apenas produz uma média de dezenas de licenciados em teologia por ano, uma gota de água no oceano.

A criação do ISThA para formar os futuros gestores da província foi uma iniciativa muito louvável, e a Igreja do Congo conta já com vários diplomados deste instituto.

A Igreja deve adaptar-se à atual política de africanização da sua liderança. O sucesso desta política dependerá da presença de pessoas com suficiente bagagem e qualidade intelectual, que as ajudará a participar nos debates teológicos ou nas reformas pastorais e litúrgicas em que as Igrejas africanas, em busca de uma identidade cultural de fé em Jesus Cristo, estão mais do que nunca envolvidas. Com um melhor conhecimento dos valores culturais dos seus correligionários, espera-se que sejam capazes de desenvolver mensagens que possam tocar verdadeiramente o íntimo dos congoleses e assegurar uma evangelização em profundidade e uma pastoral holística.

Em 2004, foram criadas outras instituições de formação: o Centro de Formação de Encarregados da Juventude (CFEJ) em Mahagi, o Instituto Superior de Técnica de Animação Social (ISTAS) em Mahagi, o Instituto Superior Pan-Africano de Saúde Comunitária (ISPASC) em Aru, o Instituto Superior de Técnicas Médicas (ISTM) em Aru, etc.

9. A Igreja Anglicana do Congo na turbulência das mudanças políticas no Congo

Em 24 de novembro de 1965, o golpe de Estado sem derramamento de sangue do General Joseph Désiré Mobutu pôs fim à presidência de Joseph Kasa-Vubu. Este golpe militar do Alto Comando do Exército Nacional Congolês (ANC) não provocou mudanças espectaculares na conduta e na vida da Igreja Anglicana até 1971.

Em 27 de outubro de 1971, a República Democrática do Congo mudou o seu nome para República do Zaire. Foram também adoptados uma nova bandeira e um novo hino.

nacional: o Zaïroise (substituindo o Debout Congolais), o rio Congo passou a ser o rio Zaire, e a moeda congolesa seria também o "Zaire". A partir daí, passámos a falar de *37*, ou seja, o país, o rio e a moeda.

A Igreja Anglicana do Congo ou Communauté Anglicane du Congo (CAC) muda o seu nome e torna-se, a partir desta mudança, a Igreja Anglicana do Zaire (EAZ) e, mais tarde, a Província da Igreja Anglicana do Zaire (PEAZ) a partir de 1992.

Em 15 de fevereiro de 1972, uma decisão do Bureau Político do Mouvement Populaire de la Révolution (MPR), tomada em nome da política de Recours à l'Authenticité, rejeitou os pseudónimos cristãos e os nomes estrangeiros para as cidades, localidades, sítios turísticos, lagos, rios, equipas de futebol, etc., em favor de nomes autenticamente zairenses.

As confissões religiosas tiveram de se conformar com esta decisão. A partir de então, os fiéis passaram a ser baptizados com nomes de autenticidade tribal ou local. O calendário litúrgico também sofreu alterações, tendo todas as festas religiosas que caíam num dia de semana sido transferidas para o domingo ou simplesmente abolidas (Natal, Ascensão, Assunção, Segunda-feira de Páscoa, etc.).

10. Para uma autonomia administrativa e eclesiástica da Igreja Anglicana de Mboga-Congo

10.1. A Igreja de Mboga na Província Eclesiástica do Uganda

A 16 de abril de 1961, foi inaugurada a Província Eclesiástica do Uganda, Burundi, Ruanda e Mboga-Congo, com sede administrativa em Kampala, e a entronização do seu Arcebispo, Sua Graça Leslie W. Brown (um britânico). Entretanto, o distrito eclesiástico de Mboga permaneceu sob a jurisdição da Diocese ugandesa de Ruwenzori. Entretanto, o Uganda, ainda uma colónia britânica, só obteve a sua independência em 9 de outubro de 1962.

Em 1965, D. Erica Sabiti foi entronizada como Arcebispo da Província Eclesiástica do Uganda, Ruanda, Burundi e Mboga-Congo, substituindo Leslie W. Brown. É o primeiro africano da África Oriental a ser promovido a este cargo. O novo Arcebispo era também Bispo da Diocese de Ruwenzori, à qual pertencia a Igreja Anglicana de Mboga-Congo.

Em 16 de fevereiro de 1977, Sua Graça Janani Luwum, então Arcebispo da Igreja Anglicana do Mboga-Zaire, foi assassinado em Kampala pelo Presidente do Uganda, Idi Amin Dada, por defender a verdade cristã. É considerado um Santo Mártir na Igreja do Uganda e também na Igreja Anglicana do Congo. *O Livro de Oração Pública Anglicano* do Congo prevê uma cerimónia comemorativa em sua honra nesta data, tal como acontece com Santo Apolo Kivebulaya, cuja cerimónia comemorativa tem lugar todos os anos a 30 de maio.

10.2. A criação de novas paróquias na Igreja de Mboga e autonomia dos países francófonos

Desde a sua criação, a Igreja de Mboga não parou de crescer em número de fiéis, de capelas e de paróquias. Foram criadas novas paróquias: Geti em 1964, Bwakadi em 1965 e Bunyagwa em

1967. Em 1970, foram criadas outras paróquias, entre as quais Bunia, capital do distrito de Ituri, e Béni, capital do território de Ituri. Em 1971, foram criadas as paróquias de Wanande, em Butembo, de Yira, em Vuhozi, e de Amba, em Mulobya.

Apesar desta expansão, todas as decisões importantes da Igreja eram tomadas nos sínodos diocesanos realizados no Uganda, uma vez que a Igreja de Mboga fazia parte deste país.

Como seria de esperar, as preocupações dos fiéis congoleses não puderam ser levadas a sério, pelo que foi necessário esperar pela inauguração de uma diocese na RDC para adquirir autonomia em relação à diocese de Ruwenzori.

A Igreja do Uganda, que se tornou uma província eclesiástica autónoma em 1961, cedeu cada vez mais responsabilidades à Igreja congolesa através da criação da *arquidiocese e* da *diocese*. Em 1976, foi criado o *Conselho Francófono* no seio da Província da Igreja do Uganda, Burundi, Ruanda e Zaire. O seu objetivo era conceder uma certa autonomia (por parte da Igreja do Uganda anglófona) aos países francófonos que compõem esta Província, a fim de tratar dos seus assuntos como francófonos e para uma melhor preparação de uma Província eclesiástica francófona autónoma.

Os três países francófonos da nova Província Eclesiástica (anglófona) do Uganda foram inicialmente autorizados a formar o Conselho Francófono. Em 1980, recuperaram a sua autonomia em relação à Igreja do Uganda e formaram a Província Eclesiástica Francófona autónoma do Burundi, Ruanda e Zaire (PBRZ). A Igreja Anglicana do Zaire tornou-se finalmente uma Província Eclesiástica autónoma em 1992: a Província da Igreja Anglicana do Zaire (PEAZ), que conduziu a Igreja do Congo ao seu centenário.

10.3. A Igreja de Mboga: de arquidiocese a diocese anglicana

O decanato de Boga, criado em 1948, do qual o Sr. Rendle foi o primeiro decano, substituído por um ugandês, o Reverendo Walugyo, em 1960, foi erigido em arquidiocese em 1968. O Reverendo Byakisaka Festo, nomeado Cónego pelo Bispo da Diocese de Ruwenzori um ano antes, tornou-se o primeiro Arquidiácono.

Em 1969, o Reverendo Theodore Lewis viajou para Mboga e encontrou uma Igreja Anglicana muito bem organizada. No seu regresso a Kinshasa, escreveu um relatório pormenorizado sobre a igreja. O seu relatório foi amplamente divulgado e utilizado nos círculos anglicanos de todo o mundo. Uma das principais queixas levantadas no relatório era a de ter um bispo diocesano no Congo para cuidar da Igreja. O assunto foi discutido na Conferência dos Arcebispos Anglicanos do Continente Africano, realizada na Zâmbia em fevereiro de 1970.

Nessa reunião, os oradores recomendaram ao Arcebispo do Uganda a criação de uma diocese anglicana no Congo. De regresso à sua diocese, o Bispo apresentou o dossier ao sínodo diocesano, que aprovou o pedido. Em seguida, abordou a CMS sobre o projeto e pediu que um missionário expatriado assumisse o papel de primeiro bispo anglicano no Congo. A CMS enviou o missionário Philip Ridsdale para liderar a primeira Diocese Anglicana do Congo.

A Diocese foi inaugurada a 9 de julho de 1972 com a entronização do Bispo Philp Ridsdale. Nessa altura, havia 30 membros do clero, 25 paróquias e 30 capelas (5).

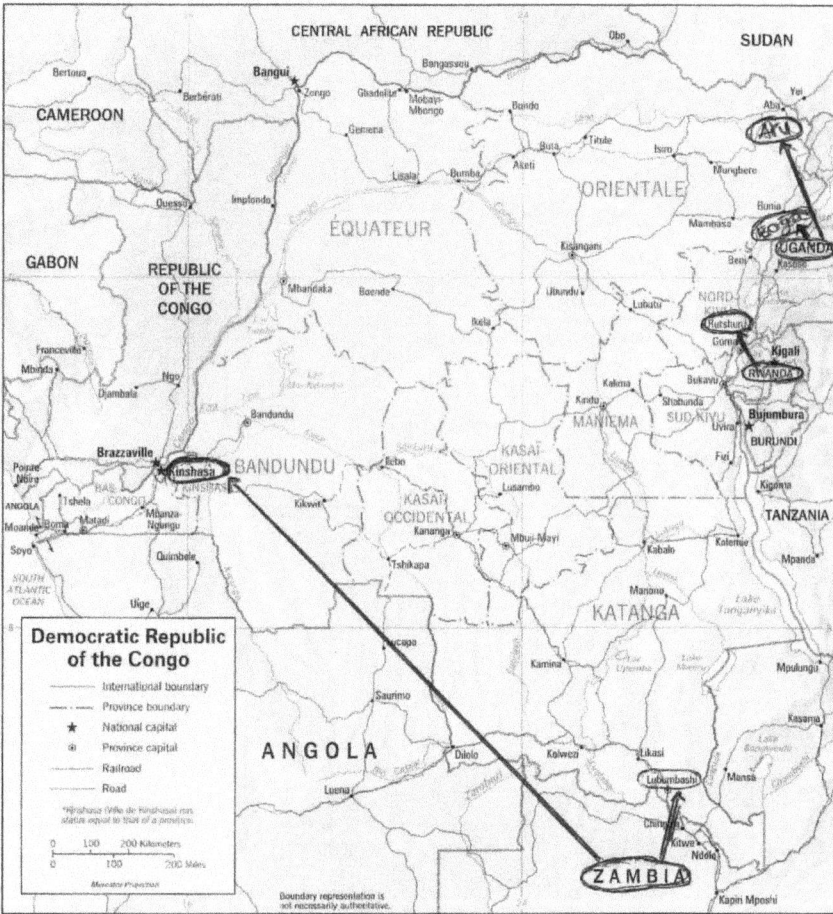

As diferentes formas de entrada da Igreja Anglicana no Congo
    Boga do Uganda em 1894
    Rutshuru / Masisi no Ruanda em 1934
    Lubumbashi (Elisabetville) da Zâmbia em 1950
    Kinshasa da Zâmbia em 1967
 - Aru! Mahagi do Uganda em 1979

- NASCIMENTO DE DIOCESES

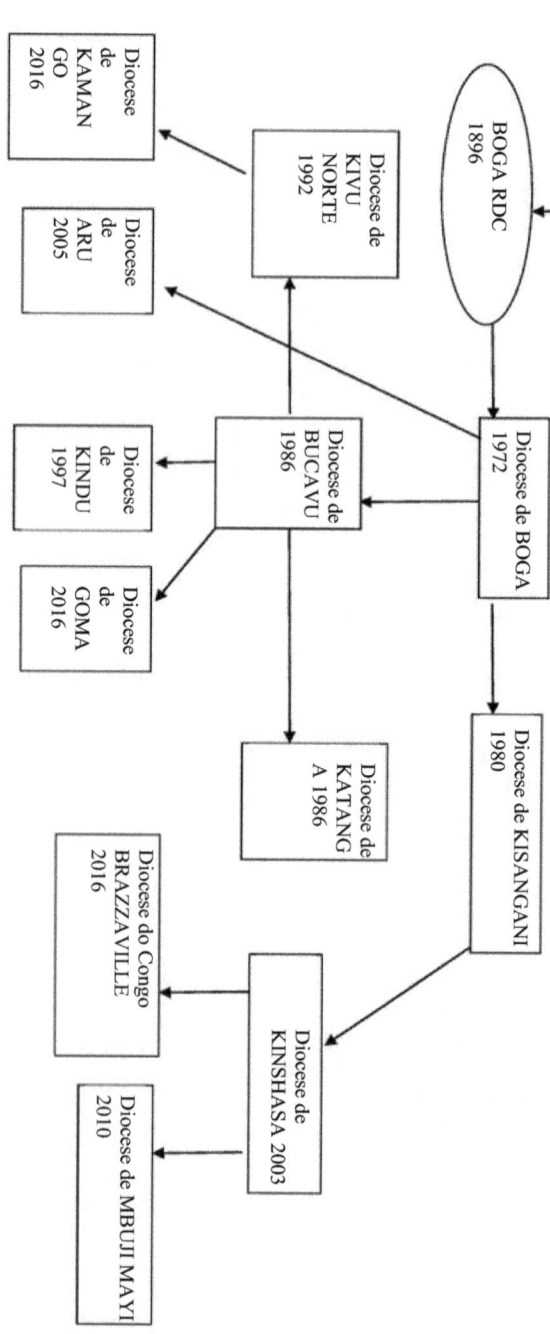

CANON APOLO
KIVEBULAYA
UGANDA-CMS

BOGA RDC
1896

Diocese de BOGA
1972

Diocese de
KIVU
NORTE
1992

Diocese
de
KAMAN
GO
2016

Diocese
de
ARU
2005

Diocese de
BUCAVU
1986

Diocese
de
KINDU
1997

Diocese
de
GOMA
2016

Diocese de
KATANG
A 1986

Diocese de KISANGANI
1980

Diocese de
KINSHASA 2003

Diocese do Congo
BRAZZAVILLE
2016

Diocese de MBUJI MAYI
2010

11. Diocese de Mboga-Zaire

Philip & Lucy Ridsdale
1972 - 1980

Patrice NJOJO BYANKIA &
KAMANYOHA
1980 -2007

Henri ISINGOMA KAHWA
2007 - 2009

William BAHEMUKA MUGENYI
2010 --

Situada no nordeste da República do Zaire, a Diocese de Mboga-Zaire tinha a sua sede em Mboga. Desde a sua criação em 1972, foi dirigida pelos seguintes bispos: Philip Ridsdale, um missionário britânico da CMS Church Missionary Society (19721980), o bispo Patrice Njojo Byankya, o primeiro zairense a dirigir esta diocese (1980-2007), o bispo Henri Isingoma Kahwa (2007-2009) e o bispo William Bahemuka Mugenyi (2010-). Quando a Diocese de Mboga-Zaire foi inaugurada, havia três arquidioceses: Mboga, Gety e Bunia.

A Diocese de Mboga-Zaire conta atualmente com sete departamentos: Evangelização e Vida Eclesial, União das Mães, Escola Dominical, Ação Juvenil (AGAPE), Formação Teológica (ETE e Ecole Biblique), Desenvolvimento Comunitário, Serviços Médicos e Ensino Primário e Secundário. No exercício da sua atividade, cada departamento segue os dois princípios fundamentais da Diocese: a evangelização e o desenvolvimento social.

Seguem-se alguns acontecimentos importantes que recordam o passado glorioso desta primeira Diocese da Igreja Anglicana do Congo.

Em 2 de março de 1973, Ndahura Bezaleri foi ordenado diácono na Catedral de Santo Apolo Kivebulaya, em Boga, pelo Bispo Philip Ridsdale. Em julho de 1974, obteve a licenciatura em teologia na Université Protestante du Congo (UPC) em Kinshasa. Foi o primeiro licenciado em teologia na EAC. A 29 de setembro de 1974, foi ordenado sacerdote na Catedral de St. Alban, em Inglaterra, por D. Robert Runcie.

A 24 de agosto de 1975, o Bispo Ndahura Bezaleri foi consagrado Bispo Auxiliar da Diocese de Mboga-Zaire. Assim, foi o primeiro Bispo Anglicano do Zaire e o segundo Bispo do EAZ.

A 16 de março de 1980, D. Njojo Byankya Patrice foi ordenado sacerdote na Christ Church Cathedral em Montreal, Canadá, por D. Reginald Hollis, Bispo de Montreal.

Falecido a 25 de dezembro de 1981 em Bukavu, Sua Graça Ndahura Bezaleri, Bispo de Bukavu e Arcebispo da Província do Burundi, Ruanda e Zaire, foi sepultado a 28 de dezembro de 1981 em Boga, junto ao túmulo de Apolo Kivebulaya.

A 13 de janeiro de 1982, o Bispo Njojo Byankya Patrice é eleito Representante Legal Nacional da EAZ pelo Conselho Nacional desta Igreja, substituindo Sua Graça Ndahura Bezaleri. A sede administrativa e administrativa da ZEE muda-se de Bukavu para Mboga, região de Irumu, Haut-Zaïre. A sua esposa, Kamanyoha Njojo, foi a primeira presidente da *União* das Mães da Diocese de Mboga-Zaire, cujo secretariado era dirigido pela Sra. Angonzebwa.

Em 7 de abril de 2007, Sua Graça Patrice Njojo reformou-se. Morreu em Kampala a 5 de fevereiro de 2010 e foi sepultado a 7 de fevereiro de 2010 junto ao túmulo de Apolo Kivebulaya, onde se encontram também os restos mortais de Sua Graça Ndahura Bezaleri.

O Arcebispo de Cantuária, Sua Graça Williams Rowan, visitou a Diocese de Boga de 24 a 27 de junho de 2011 para apreciar o trabalho de Apolo Kivebulaya, o missionário ugandês e pioneiro da Igreja Anglicana no Congo.

Desde 1997, esta diocese é conhecida como Diocese de Boga.

12. Nascimento e desenvolvimento de outras dioceses no Congo

Depois da ereção da Diocese de Mboga-Zaire em 1972, novas Dioceses foram gradualmente criadas quase de 5 em 5 anos. Em 1996, a EAZ celebrou o seu centenário com cinco dioceses: Mboga-Zaire, Bukavu, Kisangani, Shaba (Katanga) e Nord-Kivu.

Eis uma breve biografia de D. Philip Bullen Risdale, o primeiro Bispo da Diocese de Boga: nasceu a 2-12-1915 e faleceu a 14 de junho de 2000. Casou com Lucy Barbauld Risdale a 24-6-1940 na Catedral de Namirembe, Kampala. Morreu com 84 anos de idade. Lucy Barbauld Risdale nasceu a 18-9-1910 e faleceu a 9 de dezembro de 2011, com 101 anos. Estão ambos sepultados no jardim da Igreja Paroquial em Stapleford, Hertfordshire, Inglaterra. O Reverendo Plilip B. Risdale foi pároco desta paróquia de 1964 a 1972 e depois Bispo da Diocese de Boga-Zaire de 1972 a 1980.

IN LOVING MEMORY OF
PHILIP BULLEN
RIDSDALE
DIED 14 JUNE 2000
AGED 84
RECTOR OF THIS PARISH 1964-1972
BISHOP OF BOGA - ZAIRE 1972-1980
AND OF HIS WIFE
LUCY BARBAULD
RIDSDALE
DIED 9 DEC. 2011 AGED 101
"MY PRESENCE SHALL GO WITH THEE"
EXODUS 33 V 13

12.1. Diocese de Bukavu

NDAHURA BIZALERI
1976 - 1981

DIROKPA BALUFUGA FIDELE & MARIE RII KAHORO
1982 - 2006

Mgr BAHATI BALI-BUSANE Sylvestre
2006 —

Em 1976, o bispo Ndahura Bezaleri chegou a Bukavu (800 km de Bunia), uma região totalmente desconhecida para ele. Acompanhavam-no o Reverendo Munzenda Musubaho Methusela e o Evangelista Apimawa Jérôme.

A situação da Diocese de Bukavu é um pouco invulgar, porque, quase sempre, a inauguração de uma Diocese é precedida pelo estabelecimento de capelas, paróquias e arquidioceses. Mas no caso desta diocese, no início, a cidade de Bukavu não tinha nenhum cristão anglicano para além da família e dos amigos mais próximos do Bispo.

Enquanto a sua delegação se encontrava na Cité, D. Ndahura foi generosamente acolhido pelo Arcebispo da Igreja Católica Romana e Bispo da Diocese de Bukavu, D. Mulindwa Mutabesha Aloys, que lhe ofereceu alojamento temporário na Procure Catholique Sainte Thérèse. Mais tarde, encontrou alojamento com um certo Mwanga Binusi em l'Essence, muito perto da atual concessão da Catedral de St.

A Diocese de Bukavu devia, portanto, conceber um programa especial de evangelização na cidade e arredores, que deveria levar à rápida difusão dos preceitos da Igreja Anglicana.

A 18 de julho de 1976, o Congo viu nascer a sua segunda diocese, a de Bukavu. Dom Ndahura Bezaleri foi o primeiro bispo diocesano. Foi consagrado e entronizado por Sua Graça Janani Luwum, Arcebispo da Igreja do Uganda, Burundi, Ruanda e Zaire, no estádio Kadutu, em Bukavu. E a sua mulher Marjorie foi a primeira Presidente da *União* das Mães desta enorme Diocese.

A diocese de Bukavu tem agora o seu terceiro bispo diocesano. O falecido Bispo Bezaleri Ndahura foi substituído pelo Bispo Dirokpa BalufUga Fidèle, que foi consagrado e entronizado a 21 de fevereiro de 1982 pelo Bispo Sebununguri Adonia, Decano da Província do Burundi, Ruanda e Zaire, pelo Bispo Philip Ridsdale (Primeiro Bispo da EAZ, reformado) e pelo Bispo Njojo Byankya Patrice, Bispo da Diocese de Boga-Zaire e Representante Legal Nacional da EAZ (19822006). As cerimónias de consagração do Bispo Dirokpa tiveram lugar no Bispado Anglicano de Bukavu, em Muhumba. O terceiro bispo desta diocese é D. Bahati Bali-Busane Sylvestre, que foi consagrado e entronizado a 3 de dezembro de 2006 por Sua Graça Dirokpa Balufiiga Fidèle na Catedral de São Pedro em Bukavu. Substituiu este último, que se tornou Arcebispo da Província da Igreja Anglicana do Congo e Bispo da Diocese de Kinshasa.

Quando a Igreja Anglicana se estabeleceu em Bukavu, encontrou muitas dificuldades por parte dos responsáveis eclesiásticos da Igreja de Cristo no Congo. Estes últimos não queriam a Igreja Anglicana em Bukavu, que, na sua opinião, deveria permanecer confinada ao Haut-Zaïre (Província Orientale), contrariamente ao espírito do Decreto Presidencial que concedia a esta Igreja personalidade civil e a autorizava a exercer o seu apostolado em toda a República. O Presidente Provincial da ECZ no Kivu Sul na altura, Rev. Emedi, preparou mesmo uma carta para ser assinada pelo Comissário Regional para o Kivu, para expulsar a Igreja Anglicana de Bukavu.

No entanto, tendo sido avisado das manobras da ECZ, o Bispo Bezaleri Ndahura contactou imediatamente o Comissário Regional (Governador Provincial), munido do referido despacho, cujo conteúdo convenceu esta autoridade provincial.

O Bispo Ndahura conseguiu resolver a situação graças ao seu vibrante apelo ao Comissário da região de Kivu, que emitiu então uma autorização para a Igreja Anglicana operar na sua entidade administrativa, para grande espanto das autoridades regionais da Igreja de Cristo no Zaire.

Aquando da sua inauguração, a jurisdição da Diocese de Bukavu abrangia as regiões administrativas de Kivu, Kasai Oriental, Kasai Ocidental, Shaba e a cidade de Kinshasa. [2]Isto perfazia uma área total de 1.058.682 km, duas vezes o tamanho da França.

No total, a diocese tinha apenas alguns cristãos. Como resultado do trabalho anterior de Apolo Kivebulava, já existiam algumas igrejas na região de Kainama, no Kivu do Norte. Mas graças ao trabalho de evangelização, a Igreja estendeu-se a todas as regiões administrativas acima referidas.

A evangelização empreendida pelo Bispo Ndahura em Masisi e Rutshuru em 1976 permitiu à Igreja recuperar os seus antigos membros e a sua sólida implantação nestes territórios. A Arquidiocese de Rutshuru, que compreende as zonas de Masisi, Rutshuru e Goma, foi criada para enquadrar estes cristãos.

O Bispo Ndahura Bezaleri era um homem espiritual, inteligente, dotado, dinâmico e visionário. Tinha uma grande preocupação com o desenvolvimento da Igreja Anglicana do Congo em todos os domínios.

A 6 de julho de 1977, o bispo Ndahura Bezaleri, da diocese de Bukavu, participou no Sínodo Nacional da Igreja de Cristo no Zaire (ECZ), realizado no Lago Mukamba (Kasai Oriental). Nessa ocasião, foi abordado pelos líderes de certas seitas, como Papa Kasea, de Kasaï Oriental, e Maman Mbombo Tshiala Anne, de Kasaï Ocidental. O objetivo era integrá-los na Igreja Anglicana do Congo. Depois de terem tomado as medidas habituais, o Gabinete de Representação Legal do EAZ em Boga deferiu o seu pedido e as suas seitas foram convertidas à Igreja Anglicana. A Igreja Anglicana funcionou no Kasai Oriental, sob a direção do Papa Kasea, e no Kasai Ocidental, sob a direção do Sr. Mudibwa, a partir de 1978.

A 11 de maio de 1980, foi inaugurada em Bukavu a primeira Província francófona em África, a "Igreja do Burundi, Ruanda e Zaire" (PBRZ). Dom Ndahura Bezaleri, bispo de Bukavu, foi eleito e entronizado como seu primeiro arcebispo. A sede arquiepiscopal era em Bukavu.

A 15 de julho de 1980, Dirokpa Balufuga Fidèle foi eleito Secretário Provincial pelo primeiro Sínodo Provincial do PEAZ, realizado em Bukavu. Nessa altura, era ainda um evangelista em formação para o diaconado em Boga e só foi ordenado diácono a 14 de outubro de 1980, na mesma localidade, na Catedral de S. Apolo Kivebulaya, pelo novo Bispo de Mboga-Zaire, D. Njojo Byankya Patrice. Esta ordenação teve lugar no domingo seguinte à sua consagração como Bispo de Boga e foi a sua primeira ordenação.

Após a ordenação, o Reverendo Dirokpa B. Fidèle, acompanhado por toda a sua família, regressou imediatamente ao seu novo posto de Secretário Provincial da Diocese de Bukavu.

A 12 de abril de 1981, foi ordenado sacerdote em Bukavu, na igreja paroquial de Essence/Muhungu, por Sua Graça Ndahura Bezaleri. Nesse mesmo ano, levou a Boa Nova à ilha de Idjwi, no Lago Kivu, onde não conhecia ninguém. [2]Após uma intensa evangelização, abriu uma paróquia anglicana nesta ilha, que tem 80 km de comprimento e cerca de 10 km de largura, ou seja, 681 km, com uma população de mais de 80.000 habitantes na altura. Atualmente, a Igreja Anglicana abriu 4 grandes paróquias, 11 escolas primárias e secundárias, 3 centros de saúde, etc.

Após a morte súbita do Arcebispo Ndahura Bezaleri em 25 de dezembro de 1981, D. Dirokpa Balufuga Fidèle foi eleito Bispo da Diocese de Bukavu em 15 de janeiro de 1982 pelo Colégio dos Bispos reunido em Bukavu. Foi consagrado e entronizado em 21 de fevereiro de 1982 como segundo Bispo da Diocese de Bukavu.

Em 7 de novembro de 1982, o Bispo Dirokpa B. Fidèle ordenou os primeiros diáconos para a Igreja Anglicana dos dois Kasais em Bukavu. Foram eles o Reverendo Mudibwa Tshongo, para Kasaï Ocidental, e Mukendi Mpinga Casimir, para Kasaï Oriental.

A fim de reforçar o seu ministério junto dos fiéis, a Diocese de Bukavu deu especial ênfase à formação em teologia de base, à melhoria da vida eclesial, à criação de escolas bíblicas, à educação teológica por extensão (ETE), à pastoral *das cassetes* de fácil utilização, à escola dominical para crianças, ao estudo bíblico em grupo, etc.

A Diocese de Bukavu também não esqueceu o aspeto holístico do seu ministério. Assim, foram criados vários departamentos na Diocese, com as suas ramificações, na medida do possível, em todas as arquidioceses e paróquias. São eles: a evangelização, a educação, a formação teológica, a vida eclesial, o gabinete de desenvolvimento comunitário, o serviço médico, a juventude, a União *das Mães*, cuja segunda presidente, a partir de 1982, foi a Madre Marie Rii Kahoro Dirokpa , e os projectos de   desenvolvimento   social   .

favoreceu o crescimento da diocese e contribuiu para a criação de várias paróquias e arquidioceses (Bukavu, Kindu, Shaba, Goma, Kasaï Oriental, Kasaï Ocidental, etc.).

Em todas estas actividades de evangelização e formação, a diocese de Bukavu foi sempre apoiada pela CMS/Inglaterra, que foi assistida por um grande número de missionários da CMS/Austrália de 1987 a 1996. Trabalharam e prestaram valiosos serviços no centro diocesano de Bukavu, depois em Butembo e Kindu, que eram arquidioceses da diocese de Bukavu.

No dia 9 de fevereiro de 2004, a morte arrebatou dos nossos afectos Mama Marie Rii Kahoro, esposa de Sua Graça Dirokpa B. Fidèle. Foi enterrada no jardim da Catedral de São Pedro, em

Bukavu, a 12 de fevereiro de 2004.

Em abril de 1994, durante os infelizes acontecimentos na República do Ruanda, a Diocese de Bukavu foi invadida por um grande número de refugiados ruandeses, inicialmente tutsis, a partir de abril de 1994, na sequência do assassinato do Presidente Habyarimana Juvénal, cujo avião foi abatido em pleno voo   (o Presidente do Burundi,   Cyprien   Ntaryamiras   , também se encontrava   a   bordo   do avião).

(em seguida, os hutus), a partir de julho de 1994. No centro diocesano de Bukavu, 3.000 hutus ocuparam o complexo episcopal de Muhumba e 7.000 foram acolhidos nos terrenos da Catedral de São Pedro em Bukavu e arredores. Quando milhares de refugiados hutus irromperam em Bukavu, os tutsis tinham regressado ao Ruanda. O drama dos refugiados no Bispado e na Catedral durou duas semanas. Durante esse período, foi necessário pedir-lhes que desocupassem o interior da catedral para que o culto dominical pudesse ter lugar. No final das duas semanas, todos se deslocaram para os diferentes locais de acolhimento preparados pelo ACNUR com a ajuda do governo local. A Igreja Anglicana do Congo continuou a estar em contacto com os refugiados anglicanos nos vários campos de alojamento.

O acolhimento deste grande número de refugiados não deixou de destruir algumas das infra-estruturas da Igreja: as árvores foram impiedosamente cortadas e admitidas na concessão da Igreja para lenha. O mesmo aconteceu com os bancos das escolas e das capelas, etc.

Para além de muitos pequenos campos de refugiados, a Diocese de Bukavu tinha dois vastos campos: Kashusha, a 25 km da cidade de Bukavu, e Mugunga, a 10 km da cidade de Goma, cada um com mais de meio milhão de refugiados. Estes refugiados foram dispersos em outubro de 1996 pelo exército da AFDL (Alliance des Forces Démocratiques pour la Libération du Congo-Zaïre), composto por soldados ugandeses, ruandeses, burundianos e congoleses. Este exército, liderado por Laurent Désiré Kabila, tomou Kinshasa, a capital do Zaire, em 17 de maio de 1997, pondo fim à ditadura de 32 anos do Presidente Mobutu Sese Seko.

Por ocasião do seu 25° aniversário, a Diocese de Bukavu entregou certificados de fidelidade a todos aqueles que serviram fielmente a Igreja. Nessa ocasião, alguns leigos foram nomeados cónegos, entre os quais o Papa Kayungu Ambroise e a Mamã Viviane Semugeshi.

A Diocese de Bukavu está também grata a todos aqueles que estiveram activos entre os seus primeiros seguidores. Entre eles
1. O Sr. Walumona Bisikongo, que era um ancião da Igreja
2. Bekilwa Mwanda (ainda vivo)
3. Sr. Bilangaliza Walumona Gilbert, atual Coordenador Diocesano Adjunto do BDC/Bukavu
4. Ev Kubali Njamako Kakunda (falecido)
5. Sr. Ichukwe Kondekelwa Jean (falecido)
6. Chan Kayungu Lwamba Ambroise (ainda vivo)
7. Mamã Bitondo Shabani
8. Sr. Mushingilwa Bulele (vivo)
   Entre os que apoiaram a Igreja e cujos nomes ainda recordamos estão :
1. ᵉPapa Milinganyo, então Ancião da Igreja 8 CEPAC/Sayuni, que nos vendeu a casa do Pastor em Essence.
2. Mwanga Yunusi, que tinha alojado a família do Arcebispo Ndahura na sua casa em Essence antes de a Igreja ter comprado a atual residência do Bispo em Muhumba.
3. O Auditor Militar da altura, que tinha facilitado a ocupação e o usufruto pacífico da concessão de Muhumba, comprada ao Sr. Boulanger e que os militares tinham ocupado anarquicamente.

Devemos também mencionar os grandes serviços prestados a esta Diocese pelos nossos missionários: o Reverendo Richard Menees, Miss Susan L. Broddus da Igreja Episcopal dos EUA, o casal Folkerts, o Reverendo Dr. William Belly, Miss Louise Wright da CMS Inglaterra, o Venerável Linus Njuki do Quénia, o Reverendo Charles do Uganda, o casal David Boyds da CMSA), Geoff Stanbury, Margaret Lawry, Bill Visser, Mons. Peter Dawson, o casal Richard Malcholm, a família Georges Pitt, Miss Sarah Beckstrom. [Ver lista anexa de missionários da CMS/Austrália que trabalharam na Igreja Anglicana do Congo].

A Diocese de Katanga (então Shaba) foi inaugurada a 2 de novembro de 1986 com a entronização do Bispo Emmanuel Mbona Kolini como seu primeiro Bispo. A Diocese do Kivu do Norte foi inaugurada a 23 de fevereiro de 1992 com a consagração do Bispo Methusela Munzenda Musubaho como seu primeiro Bispo.

No mesmo ano, a 2 de fevereiro de 1992, D. Peter Dawson da CMS/Austrália foi consagrado Bispo Auxiliar da Diocese de Bukavu na Catedral de Santo André em Sydney, Nova Gales do Sul, por Sua Graça Donald Robinson, Arcebispo e Bispo da Diocese de Sydney, Austrália. Foi enviado para Kindu em 1992 para preparar a nova Diocese de Kindu, que foi inaugurada a 31 de agosto de 1997 com a consagração de D. Zacharie Masimango Katanda como Bispo Titular.

As Arquidioceses dos dois Kasais, que tinham feito parte da Diocese de Bukavu durante 25 anos (1978-2003), pediram a sua separação da Diocese de Bukavu para se juntarem à nova Diocese de Kinshasa durante o Sínodo Provincial da EAC realizado em Bukavu em fevereiro de 2003. A razão parecia ser dupla: por um lado, Kinshasa é mais perto do que Bukavu e de fácil acesso; por outro lado, como o antigo Bispo de Bukavu se tinha tornado Arcebispo e Bispo da nova Diocese de Kinshasa, preferiram seguir o seu antigo pastor, com quem já tinham começado a corrida contra o tempo para preparar a Diocese de Kasaï. A nova diocese de Kasai foi inaugurada em Mbuji-Mayi a 30 de janeiro de 2011, com a entronização de D. Kapinga Marcel como seu primeiro Bispo.

Podemos assim confirmar que a Diocese de Bukavu deu origem às 4 Dioceses da EAC, e está agora a preparar uma quinta Diocese, a de Goma.

Transferido para a diocese de Kinshasa em 2003, D. Dirokpa BalufUga Fidèle convocou o sínodo diocesano de Bukavu em 2004 para eleger o seu sucessor. Este dossier foi apresentado ao Colégio dos Bispos reunido em Kinshasa no início de 2005, mas na sequência de queixas injustificadas de um candidato que tinha falhado miseravelmente nas eleições, o Colégio exigiu que a mesma eleição se realizasse novamente dentro de um ano, sob a supervisão de outro presidente do sínodo, assistido por observadores de outras Igrejas irmãs do Congo e do Ruanda. Entretanto, o Bispo interino de Bukavu era o Venerável Ise-Somo da Diocese do Kivu Norte, ainda sob a supervisão do Bispo Dirokpa B. Fidèle. No início de 2006,   foi   convocado   outro   sínodo,   a pedido do   Colégio Episcopal   .
os membros deste sínodo votaram por unanimidade a favor do mesmo candidato contestado, na pessoa do Venerável Bahati-Bali Busane Sylvestre.

O resultado do escrutínio foi apresentado ao Colégio dos Bispos, que o ratificou sem qualquer problema, e o Venerável Bahati-Bali Busane foi consagrado e entronizado a 3 de dezembro de 2006 como terceiro Bispo da Diocese de Bukavu. A sua esposa, Mama Veneranda Nyota BAHATI, foi nomeada Presidente da União das Mães em 2006, substituindo Mama Marie Rii Kahoro Dirokpa, falecida em 2004.

De 2003 a 2006, D. Dirokpa Balufuga Fidèle dirigiu duas dioceses ao mesmo tempo, a de Bukavu e a de Kinshasa. Dirigiu a Diocese de Bukavu durante 24 anos (1982-2006).

A Diocese de Bukavu tem atualmente 12 departamentos activos: evangelização, educação cristã, capelania escolar, juventude cristã ÁGAPE, União das Mães, gabinete de desenvolvimento comunitário, serviços médicos, ensino, formação em gestão, finanças e administração, relações públicas e formação nos institutos bíblicos (3 escolas bíblicas: Kiwandja, Bangwe e Bukavu).

Os projectos atualmente em curso na diocese incluem o Centro Anglicano para a Paz, o Cyber café (Internet), o apoio a mulheres sobreviventes, 10 centros de saúde e 2 hospitais, o centro Panda, o salão polivalente de Bagira, o barco motorizado no Lago Kivu e a alfabetização de adultos.

Há 11 arquidioceses nesta diocese: Bukavu, Goma, Uvira, Lago Kivu (Kalehe), Lago Tanganica (Baraka), Itombwe, Masisi, Rutshuru, Walungu, Bunyakiri e Binza (Nyamilima).

O número de escolas anglicanas na Diocese de Bukavu é de 129, incluindo 84 escolas primárias e 42 escolas secundárias, incluindo 3 escolas profissionais.

12.2.   Diocese de Kisangani

TIBAFA MUGERA Sylvestre
1980 - 2000

FUNGA BOTOLOME Lambert
2000 -

A Diocese de Kisangani foi inaugurada a 12 de outubro de 1980 com a entronização de D. Mugera Tibafa Sylvestre como seu primeiro Bispo por Sua Graça Ndahura Bezaleri, Arcebispo da Província do Burundi, Ruanda e Zaire. O Arcebispo Philip Ridsdale, que era responsável pela

Arquidiocese de Kisangani, reformou-se no mesmo dia. O Bispo Mugera Tibafa Sylvestre foi consagrado em Boga a 7 de outubro de 1980. A Diocese de Kisangani é assim a terceira Diocese da Igreja Anglicana do Congo.

Monsenhor Tibafa Mugera Sylvestre, tendo atingido a idade da reforma prevista na Constituição do PEAC, estava pronto para se reformar. A morte arrebatou-o do nosso afeto e do afeto da Igreja a 6 de outubro de 2000, em Kisangani. O seu funeral teve lugar a 10 de outubro de 2000 na Catedral de São João, na Diocese de Kisangani. Morreu antes de iniciar a sua reforma e também antes da entronização do seu sucessor.

O seu sucessor será o Bispo Funga Batolome Lambert. O Bispo Lambert foi consagrado a 10 de setembro de 2000 na Catedral de Santo Apolo em Boga .
de Bispo da Diocese de Kisangani a 15 de dezembro de 2000 na Catedral de São João de Kisangani por Sua Graça Patrice Njojo Byankya.

A Diocese de Kisangani nasceu da divisão da Diocese de Boga-Zaire. Está situada no nordeste da República do Zaire. Na altura, abrangia as sub-regiões administrativas de Kisangani, Tshopo, Bas-Uélé, Haut-Uele e a capital Kinshasa (de 1981 a 2002).

Inicialmente, os membros da Igreja Anglicana de Kisangani eram constituídos por desertores de uma seita chamada "Eglise Indépendante du Congo Central" (EICC) e da "Baptist Missionary Society" (BMS). Na altura, estavam sob a supervisão do Reverendo Bezaleri Ndahura, um estudante do campus universitário de Kisangani. Algum tempo depois do nascimento desta nova comunidade, D. Philip Ridsdale, bispo da diocese de Boga-Zaire, enviou um servo permanente para a Igreja de Kisangani na pessoa do Reverendo Sylvestre Tibafa Mugera. Começou a trabalhar como primeiro pároco em fevereiro de 1973. Iniciou imediatamente um programa de evangelização e de ensino da doutrina e da liturgia anglicanas.

No mesmo ano, criou duas paróquias em Kabondo e Lubunga, na cidade de Kisangani. A 18 de março de 1973, os cristãos celebraram o batismo de 59 pessoas. De seguida, 93 pessoas receberam a confirmação pelas mãos do Bispo Philip Risdale. Em 1974, foram criadas três outras paróquias em Yalokombe, Yamofaya e Matete.

Os primeiros diáconos locais, os Reverendos Likunde e Ndeke Nhelo, foram ordenados a 1 de maio de 1975. No mesmo mês, o Reverendo Tibafa foi nomeado Arquidiácono de Kisangani, com jurisdição sobre cinco paróquias. Um ano mais tarde, foi também ordenado o Reverendo Botomoito Asoyo.

A obra do Senhor tinha-se expandido de forma notável. O número de cristãos cresceu rapidamente, foram criadas novas paróquias e arquidioceses, a ponto de se ter decidido inaugurar uma diocese autónoma com Kisangani como centro, o que aconteceu a 10 de dezembro de 1980.

Antes do centenário do EAZ, em 1996, a Diocese de Kisangani tinha cerca de 6.500 membros agrupados em quatro arquidioceses (Kisangani, Kinshasa, Yomofaya e Bolingo) constituídas por 37 paróquias servidas por 39 sacerdotes.

A Diocese de Kisangani tinha realizado vários projectos. Estes incluíam a criação de 33 escolas primárias e secundárias, 2 dispensários, um gabinete de desenvolvimento, uma escola bíblica e a construção de vários edifícios, incluindo a catedral de Saint-Jean, o gabinete administrativo diocesano, o gabinete da União das Mães e o centro de acolhimento.

Contudo, estes trabalhos não foram realizados sem algumas dificuldades. Em primeiro lugar, o Reverendo Tibafa teve dificuldade em formar cristãos anglicanos empenhados, porque os primeiros membros provinham de comunidades cujas doutrinas eram fundamentalmente diferentes do anglicanismo. Além disso, a expansão da Igreja na diocese foi contrariada por outros grupos religiosos, como a BMS (Baptist Missionary Society) e a U.F.M. (Unevangelised Field Mission). Finalmente, o estado deplorável das estradas impedia muitas vezes as visitas pastorais.

Para permitir a continuação do trabalho já iniciado na Diocese, era necessário concluir algumas tarefas importantes, como a criação de uma nova Diocese em Kinshasa, a formação de pessoal qualificado para levar por diante o trabalho dos vários departamentos, o apoio à formação dos jovens e a reformulação do método de evangelização.

A 14 de dezembro de 1997, o Venerável Mavatikwa Kany foi consagrado Bispo Auxiliar da

Diocese de Kisangani, com residência em Kinshasa, na Catedral de São João, em Kisangani. A sua missão era preparar a futura Diocese de Kinshasa. Infelizmente, D. Mavatikwa Kany morreu prematuramente a 29 de dezembro de 1999, em Kinshasa   , e o seu funeral teve lugar no   jardim   da   Catedral   Centenária   Protestante de Kinshasa. Kinshasa.

Monsenhor Tibafa Mugera Sylvestre, tendo atingido a idade da reforma prevista na Constituição do PEAC, estava pronto para se reformar. A morte arrebatou-o do nosso afeto e do afeto da Igreja a 6 de outubro de 2000, em Kisangani. O seu funeral teve lugar a 10 de outubro de 2000 na Catedral de São João, na Diocese de Kisangani. Morreu antes de iniciar a sua reforma e também antes da entronização do seu sucessor.

Em 20 de dezembro de 2003, a Arquidiocese de Kinshasa separou-se da Diocese de Kisangani e tornou-se uma diocese autónoma.

A 3 de junho de 2006, Maman Kamanda Funga, segunda Presidente da *União das Mães* e esposa de Mons. Funga Batolome Lambert, faleceu em Kisangani. O seu funeral teve lugar a 04 de junho de 2006 no jardim da Catedral de Saint Jean em Kisangani.

12.3. Diocese de Katanga (Shaba)

Emmanuel MBONA KOLINI
1986 - 1997

Henri ISINGOMA KAHWA
1997 - 2007

Corneille KASIMA MUNO
2006 -2016

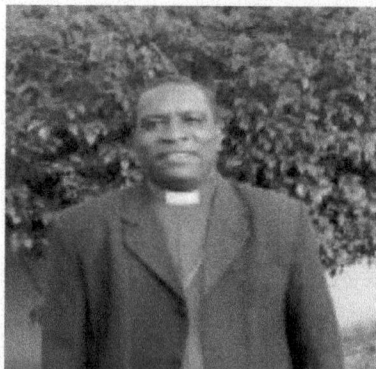

ELISHA TENDWA
Assist Kalemie 2012 -

BERTIN MWALE SUBI
2016 -

A missão da Igreja Anglicana em Katanga começou com a Igreja Anglicana da Zâmbia, antiga Rodésia do Norte, apoiada pela missão britânica em Londres, a USPG (United Society for Propagating the Gospel).

Entre 1950 e 1955, o Bispo Ronald Owen estendeu a sua diocese para além da fronteira congolesa para prestar assistência pastoral às famílias anglicanas zambianas (especialmente da tribo Bemba, originária da Zâmbia) que trabalhavam na Union Minière du Haut Katanga e viviam em Elisabethville, atualmente Lubumbashi.

Sebastian Chungupengu, o primeiro catequista, serviu a Igreja desde 1954 até aos anos conturbados de 1960, que levaram a um declínio significativo do número de cristãos.

Em 1958, foi comprada aos luteranos alemães uma capela na estrada para Kafubu, na comuna de Kampemba, que é hoje a paróquia de Santo André, que em 1986 era a catedral mais pequena da Comunhão Anglicana, com apenas 25 bancos.

Em 1960, a guerra de secessão no Katanga provocou a partida em massa dos membros desta igreja para a Zâmbia. A pequena comunidade indígena que permaneceu era dirigida pelo catequista Pascal Chamfya. É de notar que esta Igreja Anglicana de Elisabethville era ignorada pela Igreja Anglicana oficial do Nordeste do Congo, cuja sede se situava em Mboga.

Em 1972, foi promulgado um decreto presidencial que proibia a existência de igrejas não reconhecidas oficialmente pelo Estado congolês. Depois, quando as igrejas protestantes foram agrupadas numa única organização eclesiástica denominada "Igreja de Cristo no Zaire", algumas seitas religiosas de Lubumbashi, afectadas por esta medida, pediram para ser integradas na Igreja Anglicana do Congo, com sede em Bukavu. O Arcebispo Ndahura Bezaleri aceitou este pedido.

Em 1980   , o Bispo Ndahura Bezalerien conheceu o Bispo   Emmanuel   Mbona Kolini   .
Assistente na Diocese de Bukavu, Katanga, onde chegou a 31 de agosto de 1981. O seu principal objetivo era formar os líderes das seitas integradas para ensinarem o catecismo anglicano a todos os novos membros. A sua missão era também a de preparar a futura diocese de Shaba.

[e]A inauguração da Diocese de Shaba, que é a 4 Diocese do PEAC, teve lugar a 2 de novembro de 1986, em Lubumbashi, com a entronização de D. Mbona Kolini Emmanuel como seu primeiro Bispo. As cerimónias de entronização tiveram lugar no edifício 30 de junho, em Lubumbashi. Foram presididas por Sua Graça Njojo P. Byankya, Arcebispo do PEAC. Esta diocese está situada na zona mineira de cobalto e cobre do sul do Zaire, com sede na capital regional, Lubumbashi.

Em 1997, o Bispo Mbona Kolini Emmanuel fugiu para o Ruanda, na sequência da situação política pouco saudável na   Província de Katang   , que   era   conhecida pelas suas divisões   étnicas   e religiosas.
que estava em pleno andamento. Foi substituído pelo Bispo Henri Isingoma Kahwa. Foi consagrado e entronizado como segundo Bispo da Diocese de Katanga em 11 de setembro de 1997 por Sua Graça Njojo P. Byankya, Arcebispo do PEAC.

Dado que D. Patrice Njojo Byankya, Bispo de Boga, devia reformar-se e que este lugar tinha ficado vago, o Sínodo Extraordinário da PEAC, realizado em 30 de setembro de 2006, decidiu que D. Henri Isingoma Kahwa, Bispo de Katanga, fosse transferido para a Diocese de Boga. Foi então eleito um novo Bispo para a Diocese de Katanga.

A escolha recaiu sobre o Reverendo Kasima Muno Corneille, que foi consagrado e entronizado a 26 de novembro de 2006 na Catedral de Saint Paul de la Kenya em Lubumbashi por Sua Graça Dirokpa Balufuga Fidèle, Arcebispo do PEAC. É o terceiro Bispo da Diocese de Katanga.

Nesta ocasião, a Catedral foi abençoada e oficialmente inaugurada por Sua Graça Dirokpa Balufuga, substituindo a pequena Catedral de Santo André em Lubumbashi.

[eme]Para facilitar a administração e tendo em conta a dimensão da Diocese de Katanga, foi decidido no 6 sínodo diocesano realizado de 19 a 23 de julho de 2010 em Lubumbashi, criar uma assistência com sede em Kalemie. Por esta razão, o Bispo Auxiliar, D. Elisha Tendwa, missionário da Igreja Anglicana da Tanzânia, foi consagrado Bispo a 25 de novembro de 2012 na Catedral de São Paulo, no Quénia, por Sua Graça Henri Isingoma Kahwa.

[eme]No ano do centenário da Igreja Anglicana do Zaire (1996), a Diocese de Shaba celebrou o

seu 10º aniversário.

A Diocese de Katanga levou a cabo uma série de projectos. Na década de 1980, foi construído um centro diocesano de formação residencial em Lubumbashi, um centro de saúde em Kaniama, e foram criados um gabinete de desenvolvimento e um gabinete de educação.

No início da década de 1990, "a cidade de Lubumbashi foi gravemente afetada pela agitação social no Zaire durante os saques do início de 1990 e 1992. A pilhagem de setembro de 1991 obrigou os expatriados a abandonar o país .
Katangese (nativos) e Kasaians que tinham sido trazidos para trabalhar nas minas. Os kasaienses, entre os quais se encontravam muitos anglicanos, foram obrigados a deixar Katanga e, como resultado, o número de membros da Igreja foi reduzido para metade"(6).

Nos dois Kasaïs, pelo contrário, o número de fiéis anglicanos tinha diminuído consideravelmente, provocando uma verdadeira crise para as igrejas que , na falta de não tinham capacidade para prestar cuidados efectivos ao grande número de refugiados, especialmente porque muitos deles não tinham famílias de acolhimento.

Apesar disso, o ministério da Igreja continuou, particularmente o da formação de líderes, não só de pastores, diáconos e evangelistas, mas também da Escola Dominical, da formação de jovens e da União das Mães. Esta formação proporcionou à Igreja uma base sólida e eliminou muitas dificuldades doutrinais. A formação de leigos equipou a Igreja com pessoas prontas a partilhar as responsabilidades do ministério. A pastoral social da Igreja também se desenvolveu. Os seminários sobre cuidados de saúde preventivos, o programa de nutrição e a criação de dispensários tiveram prioridade no domínio da saúde.

O Gabinete de Desenvolvimento encorajou a agricultura em pequena escala e organizou workshops para aprender novas técnicas. Enquanto a Diocese de Shaba olha para o futuro, a sua visão é encorajar a evangelização, a regeneração e o ministério da paz, da justiça e da reconciliação.

O Gabinete de Desenvolvimento Comunitário Anglicano (BDC) está a trabalhar com um Projeto de Apoio ao Desenvolvimento de Infra-estruturas Rurais (PADIR). Este projeto é financiado pelo Banco Africano de Desenvolvimento (BAD). É implementado pelo BDC Anglicano como Agência de Execução Local (LEA) nas quatro províncias de Katanga.

No que respeita à formação dos jovens, a Diocese construiu 48 escolas primárias e 20 escolas secundárias. Por isso, o conselheiro residente para estas escolas foi promovido a coordenador das escolas anglicanas.

Foi criado um centro de acolhimento para crianças de rua, o Centro Kimbilio. Inaugurado oficialmente em 17 de julho de 2009, o centro Kimbilio acolhe 17 rapazes, dos quais 11 estão alojados no centro e 6 na casa de trânsito. Existe também um albergue para raparigas provenientes de lares desfeitos, que alberga 6 raparigas. Está atualmente em construção uma casa de acolhimento para estas raparigas, para onde se poderão mudar em breve. O centro de dia acolhe igualmente 46 crianças.

O missionário britânico Ian Harvey, que era responsável pelo Centro Kimbilio, terminou a sua missão no Congo em 2013 e foi substituído por Tshiswaka Jean Bosco, nomeado pela CMS como missionário local.

NB. A lista dos missionários que trabalharam na diocese de Katanga encontra-se no quadro 1 do apêndice a este trabalho.

A Diocese de Katanga gere os seguintes gabinetes: Union des Mères (U.M.), Bureau de Développement Communautaire (BDC), Institut Biblique Anglican St Paul (IBAP), Ensino Primário e Secundário, Saúde Comunitária (SACOM), Jeunesse Chrétienne Agape (JCA), Evangelização e Shirika la Andrea Mutakatifu (SHAM) ou Ministério dos Leigos.

Um total de 10 arquidioceses, 1 decanato, 45 paróquias, 45 pastores ordenados e 10 900 cristãos: é este o resultado do trabalho realizado pela Diocese de Katanga até 2015.

O Cónego reformado Mukendi Kamanda Raphaël é o congolês que desempenhou o papel mais importante na história deste organismo da Igreja Anglicana. A Presidente da União das Mães é a Sra. Pacifique Kasima. O Bispo Kasima-Muno Corneille reformar-se-á em agosto de 2016.

A Diocese de Katanga celebrará o trigésimo aniversário da sua criação a 2 de novembro de 2016. Está atualmente a preparar a ereção da Diocese de Kalemie, para a qual foi nomeado o Bispo

Auxiliar, D. Elisha Tendwa.

12.4. Diocese do Kivu do Norte

MUNZENDA MUSUBAHO METHUSELA & Son Epouse
1992 - 2008

KAYEEYE ENOCK
Ass Nord Kivu 2006 - 2010

ISE-SOMO
2010 -

^eA Diocese do Kivu do Norte, que é a 5ª Diocese do EAZ, foi inaugurada a 23 de fevereiro de 1992 com a consagração e entronização do Bispo Musubaho Munzenda Methusela na Catedral de Santo André em Butembo por Sua Graça Samuel Sindamuka, Arcebispo da Província do Burundi, Ruanda e Zaire (PBRZ). É assim o primeiro Bispo desta Diocese, que nasceu da divisão da Diocese de Bukavu.

A Diocese de Kivu do Norte está situada no leste do Zaire, na Província de Kivu do Norte. Mas a parte sul da Província do Kivu Norte continua ligada à Diocese de Bukavu, de Kanyabayonga a Goma, incluindo as áreas administrativas de Masisi, Rutshuru e Goma.

A Diocese de Kivu Norte compreende os territórios de Beni e Lubero. Originalmente, esta diocese tinha 3 arquidioceses: Beni, Butembo e Watalinga. Em 1987, esta entidade beneficiou da presença de alguns casais missionários australianos através das diligências efectuadas por Sua Excelência Dirokpa Balufuga Fidèle, que era então Bispo da Diocese de Bukavu. A presença dos casais missionários Reverendo Fagan e Ruth Brian, Dr. Brett e Raya Newell, Dentista Graham e Wendy Toulmin, Malcolm e Sheilly foi uma grande oportunidade para o crescimento da Igreja nos domínios da evangelização e do desenvolvimento. Infelizmente, estes missionários deixaram o Zaire contra a sua vontade, na sequência dos problemas do início da década de 1990.

A partir de 1999, um conflito de liderança dilacerou a Diocese do Kivu Norte. Isto levou o Colégio dos Bispos, reunido em Kampala, a suspender o Bispo Munzenda e a nomear o Venerável Cónego Bahati Bali-Busane Sylvestre, da Diocese de Bukavu, como Vigário Geral, com a tarefa de reconciliar e mediar entre os grupos em conflito.

Este conflito durou até 2001, quando a suspensão do Bispo Munzenda foi levantada e o Cónego Enock Kayeeye foi nomeado Bispo Auxiliar da Diocese. A sua consagração como Bispo foi celebrada em Butembo a 22 de outubro de 2006 por Sua Graça o Arcebispo Dirokpa Balufuga Fidèle. Foi durante este período que foram criadas muitas novas paróquias e arquidioceses na diocese.

^eA Diocese de Kivu Norte tem agora o seu segundo bispo, D. Ise-Somo Muhindo, que substituiu D. Munzenda Musubaho, que se reformou em 2008. Foi consagrado e entronizado a 12 de dezembro de 2010 no recinto da escola anglicana, em frente à Catedral de Santo André, em Butembo, por Sua Graça Henri Isignoma Kahwa, Arcebispo do PEAC, quando o conflito estava em pleno andamento nesta Diocese. Louvado seja Deus pela sabedoria que deu ao seu servo, o Arcebispo Ise-Somo, na gestão do conflito, que finalmente chegou ao fim sem derramamento de sangue.

Esta Diocese compreende as paróquias mais antigas da Diocese de Bukavu, da qual se separou em 1992. Em 1921, o P. Apolo Kivebulaya abriu a primeira capela anglicana no Kivu Norte, em Kainama. Em 1937, foi inaugurada a paróquia de Kainama. No mesmo ano, foi criada a paróquia de Kamango (Watalinga) [diocese autónoma a partir de 2016]. Em 1939, foi feita uma tentativa de introduzir o anglicanismo no território de Lubero. Samuel Buhese Makenze, um catequista congolês que tinha vivido muito tempo no Uganda, abriu uma igreja anglicana em Kigheri (Kambali / Butembo) quando regressou ao seu país. No entanto, foi perseguido por missionários baptistas da CEBK (Communauté des Eglises Baptistes du Kivu) e preso com dois colegas durante dez anos.

Depois deste revés, Butembo esperou até 1969 para que a Igreja Anglicana fosse restabelecida sob a supervisão de evangelistas de Kainama. Em 1974, outros evangelistas, também de Kainama, estavam a trabalhar em Mbau, onde existe uma escola bíblica da Diocese de Kivu do Norte.

Atualmente, a diocese tem 6 arquidioceses: Butembo, Beni, Watalinga, Rwenzori, Kainama e Basongora, com 35 paróquias. Tem 9 departamentos: evangelização, desenvolvimento comunitário, serviços médicos, educação, pastoral das cassetes, juventude, escola dominical e educação cristã, e a União das Mães, cuja primeira presidente foi Mama Munzenda, agora substituída por Mama Ise-Somo.

É atribuída uma importância vital à educação a todos os níveis. Vários líderes da Igreja estudaram em várias instituições cristãs, enquanto nas paróquias são organizados seminários de formação para os membros da Igreja.

A Diocese gostaria de continuar os seus projectos educativos e abrir mais escolas primárias, secundárias e técnicas para garantir uma educação abrangente digna do mundo de amanhã.

A Diocese de Kivu Norte foi a primeira diocese do PEAC a ordenar uma mulher anglicana ao sacerdócio, na pessoa da Reverenda Joyce Muhindo, em 2003, na Catedral de Santo André, em Butembo, pelo Bispo Muzenda Musubaho Methusela.

A Diocese de Kivu Norte, na sequência do destacamento da Arquidiocese de Watalinga, deu origem a uma nova Diocese autónoma de Kamango a 31 de janeiro de 2016, cujo Bispo titular é D. Daniel Sabiti Tibafa.

Monsenhor Munzenda Musubaho Methusela faleceu a 3 de dezembro de 2011 em Beni. Foi sepultado a 5 de dezembro de 2011 no jardim da igreja paroquial de Saint Jean de Kasabinyole, em Beni.

A Diocese de Kivu Norte conta atualmente com 41 paróquias, 83 párocos, 10124 fiéis, 11 arquidioceses, 152 escolas primárias e secundárias, 2 novas universidades: a Université Anglicane Apolo Kivebulaya (UAAKi) em Butembo e a Université Anglicane en Afrique Centrale (UNAAC) em Beni, 25 estabelecimentos de saúde e 1 clínica dentária.

13. O desenvolvimento da liturgia anglicana no Congo
- 3.1. A liturgia lunyoro

A liturgia utilizada por Apolo Kivebulaya, e por muitos outros servos de Deus muito depois dele, era a tradução em lunyoro do *Livro de Oração Comum* de 1662 (*Ekitabu ekyokusaba kwa bantu bona*). Este livro de orações em lunyoro ou kihema foi utilizado em Boga e nos arredores à medida que a Igreja se expandia. Mas a utilização deste livro numa língua de origem ugandesa obrigou as pessoas que não partilhavam a mesma expressão linguística a aprender esta língua como língua da Igreja, porque a liturgia, os cânticos, a administração dos sacramentos e o catecismo estavam escritos em kihema.

A liturgia em kihema (lunyoro) foi praticada desta forma desde a entrada da Igreja Anglicana no Congo, em 1894, até à criação da primeira diocese congolesa, em 1972. Esta liturgia, que tinha um toque de cultura inglesa e também de cultura hema, foi praticada durante muito tempo num país onde existe uma grande diversidade de tribos. Este livro em kihema continua a ser utilizado na Igreja de Boga e noutras paróquias de língua Hema. Quanto às outras paróquias, estão atualmente a beneficiar da tradução do *Livro de Oração* para outras línguas nacionais e internacionais.

- 3.2. Tradução de livros litúrgicos

Quando a Diocese de Mboga foi criada em 1972, a Igreja, na sua expansão, já se tinha afastado consideravelmente da área de influência da língua Lunyoro. O novo Bispo, Philip Ridsdale, a sua esposa e a diaconisa Lucy sentiram a necessidade de traduzir o Livro de Oração Comum Lunyoro para Swahili, uma das principais línguas nacionais faladas no leste do Congo, na Tanzânia, no Quénia e noutros países vizinhos.

Começaram por traduzir a *Oração* da Manhã *e a Oração da Noite* em páginas dactilografadas. O primeiro livro de orações, *Kitabu cha Sala kwa Watu Wote* (Livro de Oração Comum), saiu das prensas da Igreja Católica em Bunia em 1973, um ano após a criação da Diocese de Boga. Este livro de orações continha as orações da manhã e da noite, a Sagrada Comunhão, o batismo de adultos e de crianças, o catecismo e a confirmação. Em 1979, o livro de 1973 foi reimpresso e foram acrescentados o matrimónio, os funerais de adultos e crianças, o envio de catequistas, as orações ocasionais, etc.

Este primeiro livro de orações foi apoiado por outro livro - *Kawaida y a Ibada*. Semelhante ao Lecionário, este livro foi utilizado no Congo para assegurar o cumprimento do calendário litúrgico. No entanto, a sua utilização foi de curta duração. Os Bahema (Banyamboga) não pareciam ter qualquer interesse neste novo livro em suaíli, pois já tinham o seu próprio. É também de salientar que não foi a totalidade da tradução do Livro de Oração Comum que foi feita para suaíli congolês. Foram apenas alguns extractos dos serviços essenciais, como indicado acima.

Depois da sua grande expansão no Congo Oriental a partir da década de 1970, tinha chegado o momento de a Igreja Anglicana sair da zona suaíli. Em 1979, o pequeno livro swahili foi traduzido para lingala, outra língua nacional falada em Kinshasa e no noroeste do Congo.

Em 1980-1981, D. Ndahura Bezaleri, então Bispo da Diocese de Bukavu e Arcebispo da Província do Ruanda, Burundi e Zaire, preparou outro *Livro de Oração* Comum em suaíli, desta vez utilizando o *Alternative Service Book* da Igreja de Inglaterra (1980) e o Livro *de Oração Comum* da Igreja Episcopal dos Estados Unidos em francês (1979). Ao mesmo tempo, ordenou a tradução desta obra para Ciluba, outra língua nacional falada no sudoeste do Zaire (Congo), para os dois Kasais que faziam parte da Diocese de Bukavu.

Em 1984, o novo livro em suaíli, ainda em extractos mas já bem estruturado, foi impresso pela *Sociedade para a Promoção do Conhecimento Cristão* (SPCK) em Londres, sob a supervisão de D. Patrice Njojo Byankya. A última tradução revista de *Kitabu cha Sala* data de 1998. Foi seriamente revista para o bom Swahili pelo Cónego Ian Terrant, missionário da CMS/Londres, que trabalhou na Diocese de Aru, sob a supervisão de D. Patrice Njojo Byankya, Arcebispo do PEAC e Bispo da Diocese de Boga.

Este livro em suaíli contém quase todos os serviços necessários para uma boa liturgia anglicana em todas as circunstâncias e em todas as ocasiões, o calendário litúrgico, etc. Não tem nada a invejar a outros *Livros de Oração Comum* em uso na Comunhão Anglicana.

A tradução do Livro de Oração em Ciluba, efectuada sob a direção de D. Dirokpa Balufuga Fidèle, Bispo da Diocese de Bukavu, chegou aos prelos da Igreja Católica de Kananga em 1985, com o apoio financeiro da Society for Promoting Christian Knowledge (SPCK/Londres). Esta grande realização em Ciluba foi possível graças à grande ajuda do Venerável Mukendi Mpinga Casimir, Arquidiácono de Kasaï Oriental e do Venerável Mubibwa, Arquidiácono de Kasaï Ocidental.

Para além destes livros de orações nas três línguas nacionais congolesas e em Lunyoro, o *Livro de Oração Comum* da Igreja Episcopal dos Estados Unidos (1979/1983) é utilizado para o culto nas escolas secundárias, nas catedrais, por vezes ou na cidade, durante as reuniões de grupos de intelectuais, nos sínodos diocesanos ou provinciais, durante as reuniões ecuménicas ou internacionais, nos dias oficiais com a presença de autoridades estatais, etc.

Para além dos livros de orações acima mencionados, é de salientar a utilização de livros de orações em Kinyarwanda (nos territórios de Masisi e Rutshuru) e em Kikiga (Bunganza, Kikumiriro, etc.) em certas paróquias que fazem fronteira da Diocese de Bukavu com o Ruanda e o Uganda, especialmente para a hinologia.

A Igreja de Mboga é muitas vezes criticada por ter imposto o Kihema à população vizinha na Igreja Anglicana do Congo, mas os mesmos erros foram cometidos pelos falantes de swahili no Congo Oriental, onde o Livro de Oração Swahili foi imposto a tribos que não conheciam esta língua. Exemplos disso são a Diocese de Aru, onde se fala Bangala (uma versão do Lingala) e várias línguas locais, Mahagi, onde se fala Alur, e o território de Masisi, na Diocese de Bukavu, onde se fala Kinyarwanda. No entanto, as circunstâncias assim o determinaram, porque no início não havia ministros de Deus para traduzir o livro de orações para estas línguas locais.

Entre os livros litúrgicos atualmente em uso na Igreja Anglicana do Congo encontram-se os livros de oração da EAC, que estão atualmente disponíveis em línguas locais, nacionais e estrangeiras.

Os livros litúrgicos nas línguas locais ou nacionais utilizados na Igreja Anglicana do Congo são :

- *Ekitabu ekyokusaba kwa Bantu bona* in lunyoro, utilizado principalmente nas regiões de Boga desde o tempo de Apolo Kivebulaya. A versão mais recente deste livro data de 1961;
- *Kitabu cha sala kwa watu wote* em suaíli, datado de 1986. Este livro é utilizado nas dioceses de Aru, Boga, Bukavu, Kisangani, Kindu, Nord-Kivu e Katanga. Foi amplamente distribuído após várias edições (1973, 1984 e 1986);
- *Bukuyalosamboyabatobanso o   lingalaekosalelama   o eklezyaanglicane   o Congo* em lingala (1979). É utilizado na cidade-província de Kinshasa, no Congo Central, nas antigas províncias de Bandundu e Equateur, e na parte ocidental da nova província de Tshopo. A diocese de Aru também tem o seu próprio livro de orações em Bangala (uma espécie de Lingala).
- *Mukanda wa masambila a Bantu bonso mu chiluba mudiwo mu ekleziaanklicane,* em Ciluba ou Tshiluba (1985). Este livro de orações é utilizado nas actuais províncias de Kasaï Oriental, Kasaï Central e Kasaï.

Os livros litúrgicos em línguas estrangeiras incluem :

Em francês, *o Livro de Oração Comum* dos Estados Unidos (1983) ou do Canadá. Este livro é utilizado em certas dioceses da EAC que organizam, para além do culto na língua nacional, o culto em francês, quer aos domingos, quer durante os encontros de jovens, no sínodo provincial, por ocasião das festas nacionais com a presença de funcionários, etc.

Em inglês, *The Book of Common Prayer* (1662), revisto de acordo com o país (Nigéria, Uganda ou Quénia). Este livro é utilizado nalgumas dioceses a par do culto na língua local, nomeadamente em Kinshasa, onde existe uma grande comunidade de origem nigeriana, e em Bukavu, etc.).

A multiplicidade de livros numa diocese não é isenta de dificuldades para o Bispo na administração dos sacramentos e também para os outros ministros que não partilham a mesma expressão linguística.

Em suma, o *Livro de Oração Comum* só foi utilizado no Congo em Mboga, em Lunyoro. Por conseguinte, o Livro de Oração Comum no seu verdadeiro sentido nunca foi traduzido pela Igreja Anglicana do Congo até à data. O livro de orações em Swahili, Lingala e Chiluba consiste apenas em extractos. Muitas vezes, trata-se de extractos de documentos que já foram traduzidos por pessoas que, frequentemente, não dominavam a riqueza inefável da língua para a qual estavam a traduzir. É, portanto, natural que a qualidade da tradução, bem como a substância do documento, necessitem de uma revisão séria para garantir uma boa liturgia.

14.1 Nascimento e desenvolvimento da Província do Burundi, Ruanda e Zaire (PBRZ)

Os Arcebispos da Província Eclesiástica do Burundi, Ruanda e Zaire

NDAHURA BEZARELI
Zaire, 1980 - 1981

NDANDALI Justin
Ruanda, 1982 - 1987

SINDAMUKA Samuel
Burundi, 1987 - 1992

Em 1980, os países que formavam o Conselho Francófono da Igreja do Uganda, cada um com duas Dioceses (Ruanda com as Dioceses de Kigali e Butare, Burundi com Buye e Bujumbura, e Zaire com Mboga-Zaire e Bukavu), estando reunidas as condições necessárias para a criação de uma Província Eclesiástica, o Sínodo Provincial da Igreja do Uganda autorizou estes três países francófonos da África Central a formar a sua própria Província Eclesiástica francófona. Estes países separaram-se assim da Igreja do Uganda.

Durante a reunião do Conselho francófono realizada em Bukavu em 1980, o Bispo Ndahura Bezaleri de Bukavu foi eleito Arcebispo desta nova província francófona. Em 11 de maio de 1980, foi inaugurada a primeira província eclesiástica francófona em África, a Província da Igreja Anglicana do Burundi, Ruanda e Zaire. O Arcebispo Ndahura Bezaleri foi entronizado como Arcebispo da nova província por Sua Graça Robert Runcie, Arcebispo de Canterbury (que o tinha ordenado sacerdote em 1974 na Catedral de St. Alban, em Inglaterra) e por Sua Graça Silvanus Wani, Arcebispo do Uganda, Burundi, Ruanda e Zaire (Igreja do Uganda).

A sede da província foi assim estabelecida na sede diocesana de Bukavu, onde o novo Arcebispo era Bispo diocesano. O mandato do Arcebispo foi fixado em 5 anos pela Constituição da nova Província, e a sede arquiepiscopal era rotativa. Isto significava que nenhum Arcebispo, durante o seu mandato, podia construir uma sede provincial no seu próprio país. Em vez disso, tinha de utilizar a sua sede diocesana para os assuntos provinciais.

A 15 de julho de 1980, Dirokpa BalufUga Fidèle, um evangelista em formação para o diaconado em Boga, foi eleito Secretário Provincial pelo primeiro Sínodo Provincial da PBRZ, realizado em Bukavu. Dirokpa BalufUga Fidèle só foi ordenado diácono a 14 de outubro de 1980, em Boga, pelo novo Bispo de Mboga-Zaire, D. Njojo Byankya Patrice.

A inauguração da nova província francófona foi seguida de outros acontecimentos felizes, incluindo a consagração de outros bispos e a abertura de novas dioceses na província.

Apesar do seu afastamento do mundo anglófono, as Igrejas do Ruanda, do Burundi e do Zaire continuavam a ter dificuldade em desempenhar eficazmente a sua missão. Era-lhes difícil ter em conta as especificidades de cada país no que se refere, por exemplo, ao envolvimento político da Igreja.

Após a morte de Sua Graça Ndahura Bezaleri, a 25 de dezembro de 1981, em Bukavu, foi substituído à frente da Província por um súbdito ruandês   , D. Justin Ndandali,   Bispo   de Bukavu   .
Butare, que foi entronizado em 6 de junho de 1982 no estádio Huye em Butare (Ruanda). A sede provincial foi transferida para Butare, de acordo com a constituição provincial do PRBZ. O seu Secretário Provincial era o Reverendo Cónego André Kaizari.

Sob a direção de Mons. Justin Ndandali, a província criou uma casa provincial em cada um dos seus países membros. Todos os anos, a UTO (*United Thansgiving Offerings*), uma organização das mães da Igreja Episcopal nos Estados Unidos, concede subsídios a cada província da Comunhão Anglicana, para serem distribuídos pelas suas dioceses para projectos muito específicos, de acordo com os seus pedidos.

Foi neste contexto que Sua Graça Justin Ndandali solicitou e obteve do Colégio dos Bispos que os subsídios da UTO fossem centralizados durante três anos, ao nível do gabinete provincial, com vista à aquisição de uma casa a ser utilizada para a regeneração de rendimentos, para projectos autofinanciados, a favor da Igreja Anglicana em cada país. Assim foi feito. O Zaire foi o primeiro beneficiário, o que lhe permitiu comprar duas casas provinciais em Goma, na diocese de Bukavu. A segunda ronda foi para o Ruanda, onde foi adquirida uma casa provincial em Butare. O Burundi teve de esperar pela terceira ronda. A sua casa provincial foi comprada em Bujumbura.

No final do seu mandato, Sua Graça Justin Ndandali foi substituído por Samuel Sindamuka, Bispo de Bujumbura (Burundi). [e] Foi entronizado a 9 de junho de 1987 como 3 Arcebispo da PBRZ em Bujumbura. Ao mesmo tempo, a sede da província foi transferida de Butare para Bujumbura. Os Reverendos Severin Ndayizeye e Pie Ntukamazina sucederam-se como secretários provinciais.

Cinco anos mais tarde, o mandato de Sua Graça Samuel Sindamuka chegou ao fim. [e]O Colégio dos Bispos da PBRZ, em vez de repetir a segunda volta da rotação por países, achou por bem dividir a Província em três, de modo a que cada país se tornasse uma província eclesiástica autónoma.

Em 1992, na reunião do Colégio dos Bispos da Província francófona da BRZ, realizada em Bujumbura, foi decidido dividir esta Província Eclesiástica em três, consoante o país, após 12 anos de franca coabitação. Este projeto foi aprovado por todos os participantes.

Durante a reunião, os representantes de cada país elegeram o seu Arcebispo. Samuel Sindamuka, Bispo de Bujumbura, foi eleito em nome do Burundi; Augustin Nshamihigo, Bispo de Shyra, em nome do Ruanda; e Njojo Byankya Patrice, Bispo de Mboga-Zaire, em nome do Zaire. As Igrejas do Burundi e do Ruanda escolheram outras denominações. Tornaram-se, respetivamente, a Igreja Episcopal do Burundi (PEEB) e a Igreja Episcopal do Ruanda (PEER); a Igreja do Zaire preferiu manter o seu nome de Igreja Anglicana do Zaire (CAZ).

A Província da Igreja do Burundi, Ruanda e Boga-Zaire foi assim dividida em três novas Províncias ,   que ao   mesmo   tempo se tornaram Províncias Eclesiásticas. autónoma. A Província Anglicana do Ruanda (*Eglise Episcopale du Rwanda*) foi inaugurada a 7 de junho de 1992 e o seu primeiro Arcebispo foi Sua Graça Augustin Nshamihigo. A Província da Igreja Anglicana *do* Burundi *(Eglise Anglicane du Burundi)* foi inaugurada em janeiro de 1992. O seu primeiro Arcebispo foi Sua Graça Samuel Sindamuka.

14.2. Evolução da Província da Igreja Anglicana no Zaire (PEAZ)
Os Arcebispos da Província Eclesiástica da Igreja Anglicana do Congo

NJOJO KAHWA Patrice
1992 - 2002

DIROKPA BALUFUGA Fidèle
2003 - 2009

ISINGOMA KAHWA Henri
2009 - 2016

MASIMANGO KATANDA Zacharie
2016 -

Em 30 de maio de 1992, foi inaugurada em Bukavu a Província Eclesiástica autónoma da República do Zaire, denominada "Província da Igreja Anglicana do Zaire (PEAZ)". É composta por cinco dioceses: Zaire, Bukavu, Kisangani, Katanga e Kivu do Norte.

A data de 30 de maio é muito significativa na história do EAZ, pois comemora a morte de Apolo Kivebulaya, o pioneiro do EAZ. Por ocasião da inauguração, Sua Graça Njojo Byankya Patrice, Bispo da Diocese de Boga, foi entronizado como o primeiro Arcebispo do PEAZ. [er]Alguns dias mais tarde, a 2 de junho de 1992, o 1 Sínodo Provincial elegeu o Reverendo Molanga Botola Jean como Secretário Provincial do PEAZ. A sede administrativa e social do PEAZ foi fixada em

Bunia.

O novo Arcebispo comprou um grande terreno em Bunia e construiu um escritório provincial para albergar os vários departamentos provinciais e uma casa para albergar o Secretário Provincial.

Sua Graça Patrice Njojo Byankya conduziu a Igreja Anglicana do Congo ao seu centenário em 1996 (1896-1996). Em 2002, chegou ao fim do seu segundo mandato, após 10 anos à frente da PEAC.

A 3 de outubro de 2002, em Lweza (Kampala), o Bispo Dr. Dirokpa BalufUga Fidèle, da Diocese de Bukavu, foi eleito Arcebispo da PEAC, sucedendo a Sua Graça Patrice, que assumirá doravante as funções de Bispo Diocesano de Boga, enquanto aguarda a sua reforma, em conformidade com o artigo da Constituição Provincial.

O Arcebispo Dr. Dirokpa Balufuga Fidèle foi entronizado como 2° Arcebispo da Província da Igreja Anglicana do Congo em 16 de fevereiro de 2003, na Catedral de São Pedro em Bukavu.

ᵉApós esta entronização, no domingo seguinte, 23 de fevereiro de 2003, Sua Graça Williams Rowan foi entronizado como o 104° Arcebispo de Cantuária. Sua Graça Dr. Dirokpa B. Fidèle representou o PEAC como seu Primaz nesta grandiosa cerimónia.

O quinto Sínodo Provincial, realizado de 16 a 19 de fevereiro de 2003 em Bukavu, decidiu transferir a sede administrativa e social do PEAC de Bunia para Kinshasa e criar a Diocese Missionária de Kinshasa (uma vez que ainda não reunia as condições para a criação de uma Diocese tradicional). O Bispo Dirokpa B. Fidèle foi oficialmente instalado como Bispo diocesano de Kinshasa a 20 de dezembro de 2003, de acordo com a Constituição Provincial da PEAC.

As razões que militaram a favor da criação da nova Diocese de Kinshasa e da transferência da sede do PEAC para a capital da RDC são as seguintes Em primeiro lugar, para alargar o Evangelho ao Oeste do país, uma vez que a ZEE tinha, até agora, concentrado os seus esforços de evangelização no Leste do país. Em segundo lugar, ter contactos permanentes com as autoridades políticas e religiosas e outras organizações de desenvolvimento, todas sediadas em Kinshasa, para o bem-estar da Igreja e da população congolesa em geral. Finalmente, ter uma representação legal e válida da Igreja Anglicana do Congo na capital e dispor das infra-estruturas necessárias para a visibilidade da Igreja.

Desde a sua chegada a Kinshasa, a principal preocupação do novo Arcebispo foi concentrar-se na evangelização e dotar o PEAC de uma infraestrutura material de base, equipando-o com os edifícios necessários ao seu bom funcionamento. Como resultado :

- Em 2 de julho de 2004, foi comprado um palácio episcopal em Limete/Kinshasa, que serve também de residência do Arcebispo (porque se trata da mesma pessoa). Este edifício de 4 acres foi vendido em 2008 para comprar outro edifício de 8 acres em Masina Sans Fil, num terreno mais espaçoso, atrativo e confortável para um palácio episcopal ou arcebispal;
- Como já foi referido, foi iniciada a construção de um edifício de 18m por 12m. Em 2005, foi lançada a primeira pedra para a construção de um edifício de dois pisos destinado a albergar os serviços provinciais e diocesanos, sendo o rés do chão utilizado como capela e salão polivalente. O edifício foi concluído em 17 de maio de 2009. Está situado na avenida Basalakala n.° 11, no cruzamento com a avenida da Universidade;
- Em 2006, foi também adquirido a Mikondo/Kimbanseke um antigo hotel lut com 39 quartos,

    para servir de igreja, escola, centro de saúde e casa para o pastor e outros funcionários da igreja;
- Foram também adquiridos seis outros terrenos vazios para serem utilizados noutros projectos

    da Igreja, futuramente em Badara II, comuna de Kimbanseke.

Foram também organizados os vários departamentos: o Secretariado Provincial, a Evangelização, a Formação Teológica e a Escola Dominical, a União das Mães, a Juventude, o Gabinete de Desenvolvimento Comunitário e o Serviço Médico.

No entanto, tendo em conta a situação económica e social do país, não foi possível assegurar o funcionamento de todos os departamentos provinciais em Kinshasa. Assim, alguns departamentos continuaram a funcionar no interior do país: Serviço Médico, em Béni (Kivu Norte) com Albert Baliesima Kudikima, Serviço de Desenvolvimento Comunitário, em Bukavu (Kivu Sul) com Fidèle Mushamuka, Juventude em Bunia (Província Oriental, atualmente Província de Ituri) com Miss Judy Acheson, a presidência da União das Mães em Kindu (Maniema) com a presidente, Maman Naomi Amunazo Katanda, em Kindu (Maniema) e a secretária, Maman Damali Sabiti, em Bunia (Província Oriental), sem esquecer o Gabinete de Ligação do PEAC com M. Frédéric Ngadjole. O P. Frédéric Ngadjole, que prestou um grande serviço a todas as dioceses do PEAC, no Gabinete de Ligação em Kampala. Todos estes departamentos funcionaram harmoniosamente graças à moderna tecnologia de comunicação, a Internet.

Sua Graça Dirokpa Balufuga Fidèle foi substituído por Mons. ISINGOMA KAHWA, Bispo de Boga, à frente do PEAC. *Foi entronizado em 9 de agosto de 2009, por Sua Graça Dirokpa Balufuga F., como 3 Arcebispo do PEAC, em Kinshasa (Salle de conférence du jardin Botanique de Kinshasa). Nesta qualidade, substituiu também Sua Graça Dirokpa como Bispo da Diocese de Kinshasa.

A 12 de abril de 2013, o Venerável António KIBWELA foi nomeado Secretário Provincial da PEAC, substituindo D. Molanga Botola Jean, que foi nomeado Bispo Missionário para a EAC, na República do Congo-Brazzaville, a 7 de novembro de 2012.

*Sua Graça Isingoma Kahwa Henri foi reeleito pelo Colégio dos Bispos, reunido em Butembo em abril de 2014, para um mandato de dois anos e meio à frente do PEAC.

*ᵉEste mandato deveria expirar em 2018, mas Sua Graça Isingoma *demitiu-se* entretanto do seu cargo de Arcebispo da Província da Igreja Anglicana do Congo e, ipso facto, do de Bispo da Diocese de Kinshasa, durante o 8° Sínodo Nacional da EAC realizado em Bunia/Mwito, em fevereiro de 2016, tendo como motivo a saúde.

Entronização do 4 Arcebispo da Igreja Anglicana do Congo (2016 -)
O Colégio dos Bispos da EAC, reunido sob a presidência do Decano da Província, D. FUNGA Lambert, Bispo da Diocese de Kisangani, de 10 a 13 de julho de 2016, na Paróquia Católica de Santo Elois, Beau Marche/Kinshasa, elegeu por unanimidade D. MASIMANGO KATANDA Zacharie, Bispo da Diocese de Kisangani, a 11 de julho de 2016. Dom MASIMANGO KATANDA Zacharie, Bispo da Diocese de Kindu, como Arcebispo da EAC, em substituição de Sua Graça Isingoma Kahwa Henri, que apresentou a sua demissão.

A sua entronização teve lugar a 11 de setembro de 2016, na Catedral Anglicana de São Pedro, em Kinshasa, durante a celebração da Eucaristia, que contou com a participação de fiéis anglicanos da diocese de Kinshasa e de outras dioceses do interior da Província Eclesiástica da EAC, bem como de cristãos de outras confissões religiosas. Havia também uma forte delegação de visitantes da Comunhão Anglicana mundial. Entre estes, contavam-se: o representante pessoal do Arcebispo de Cantuária, Mons....

De acordo com o espírito da Constituição da EAC alterada, de fevereiro de 2016, o novo Arcebispo terá a sua Sede Nacional em Kinshasa, mas residirá na sua diocese de origem, onde continua a ser o Bispo titular. Enquanto o Secretário Provincial, com residência permanente em Kinshasa, gerirá os assuntos quotidianos da Igreja em contacto regular com o Arcebispo.

Atualmente, a Província Eclesiástica da Igreja Anglicana do Congo tem doze dioceses, uma das quais é missionária, a da República do Congo/Brazzaville (12). As cinco primeiras dioceses foram criadas entre 1972 e 1996, ou seja, antes do centenário da EAC (1996): Boga, Bukavu, Kisangani, Katanga (Shaba) e Kivu do Norte. As outras 7 novas dioceses foram criadas entre 1997 e 2016, nomeadamente as dioceses de : Kindu, Kinshasa, Aru, Kasaï, Kamango, Goma e Congo/Brazzaville. Há doze bispos diocesanos, um dos quais é também arcebispo, e um bispo auxiliar neste momento: D. Elisha Tendwa (tanzaniano), bispo auxiliar da diocese de Katanga, com sede em Kalemie.

É de notar que as expressões "Província da Igreja Anglicana do Congo" e "Igreja Anglicana do Congo" exprimem a mesma realidade (PEAC = EAC), uma vez que, de momento, existe apenas uma Província eclesiástica anglicana na RDC (7). No entanto, a Constituição da referida Província permite a sua divisão em duas ou mais novas províncias eclesiásticas, por decisão do Sínodo

Provincial, quando necessário. Por enquanto, o último Sínodo Nacional realizado em Bunia, em fevereiro de 2016, manteve a denominação única: "L'EGLISE ANGLICANE DU CONGO" [EAC], em vez de Província da Igreja Anglicana do Congo [PEAC].

14.3. Departamentos provinciais

14.3.1. O Departamento Provincial de Evangelização

O Departamento Provincial (ou Nacional) da Evangelização foi criado em fevereiro de 1995, na reunião da Comissão Executiva Provincial realizada em Bunia, sob a presidência de Sua Graça o Arcebispo Njojo Biankya. Nessa ocasião, o primeiro coordenador nacional deste Departamento foi eleito na pessoa do Venerável Ise-Somo, do Kivu Norte, que venceu os outros candidatos: o Cónego Musubaho, de Boga, o Venerável Bahati, de Bukavu, e o Venerável Mavatikwa, de Kisangani, com 16 votos em 23.

Este serviço tem um grande número de realizações, nomeadamente no domínio da evangelização e da formação.

No que respeita à evangelização, podemos citar os seguintes exemplos:
- Evangelização e assistência alimentar às pessoas deslocadas em Ituri (guerra entre Hema e Lendu) e às pessoas deslocadas em Kanyabayonga, Kirumba e Rutshuru;
- A organização de campanhas de evangelização nas várias dioceses;
- O financiamento do encontro de reconciliação na Diocese de Kivu do Norte em 2003, num montante total de 3620$;
- Evangelização nas prisões ;
- Evangelismo entre os militares em Kivu do Norte, Kivu do Sul, Maniema e Ituri. 16342 soldados ouviram o Evangelho, 8723 receberam Jesus Cristo como Salvador e Senhor, isto aconteceu entre os anos 2008 e 2009.

No que diz respeito à formação, importa referir o seguinte:
- A organização de seminários de evangelização nas várias dioceses;
- Organização de seminários para capelães escolares ;
- A procura de bolsas de estudo e a formação de evangelistas de diferentes dioceses para o CCLK de Goma;
- A formação de pregadores e facilitadores locais da *Langham Preaching* em as diferentes dioceses ;
- Equipar os participantes com livros de evangelismo e Bíblias.

No que diz respeito à implantação de igrejas, notemos:
- Algumas contribuições para a construção de   capelas e   escolas na região algumas dioceses ;
- A compra de um terreno para a igreja de Lubero, na diocese de Kivu do Norte;
- A compra de uma concessão para a igreja de Yumbi, Bandundu, na diocese de Kinshasa;
- Aquisição de um terreno em Boma, Bas-Congo, para a Igreja (Diocese de Kinshasa).

14.3.2. Departamento Médico Provincial

O serviço médico da Província da Igreja Anglicana do Congo começou com uma enfermaria cuja principal tarefa era a vacinação. Funcionava à entrada da igreja anglicana de Mboga.

Ao longo dos anos, o Serviço Médico Anglicano evoluiu consideravelmente, expandindo-se gradualmente para as várias dioceses da RDC, graças à liderança e visão da falecida Dra. Patricia Nickson, da falecida Miss Nyangoma Kabarole, do Dr. Nigel Pearson, do Sr. Albert Baliesima e de muitos outros.

As actividades do serviço médico (SM PEAC) estão integradas no sistema de saúde da RDC desde 1984 , com a criação da primeira   zona de saúde gerida pelo SM em Boga. Foram recentemente criadas duas novas zonas sanitárias, em Kamango (no Kivu do Norte) e Mahagi (na atual província de Ituri), sob a gestão do SM PEAC.

Através do seu departamento médico, o PEAC gere atualmente 59 centros de saúde, 3 hospitais, 5 lares de idosos, 2 clínicas dentárias modernas e 45 postos de saúde.

O serviço médico tem 3 áreas de intervenção: saúde geral (gestão dos centros de saúde, reabilitação, serviços de água e saneamento), VIH/SIDA e violência sexual, e emergências.

14.3.3. O departamento provincial de Jeunesse Chrétienne Agape en mission (JCA)

Não podemos falar do Departamento da Juventude sem mencionar a Sra. Judy Acheson, que passou toda a sua vida missionária na RDC a orientar os jovens, não só da Igreja Anglicana do Congo, mas também os jovens congoleses em geral. Ela foi uma missionária britânica enviada pela Church Mission Society, trabalhando com a Igreja Anglicana do Congo desde 1980. É licenciada pelo Institut Superieur Pedagogique em Inglaterra. Começou o seu ministério entre as crianças em Ituri, na diocese de Boga. Em 1989, abriu o Departamento da Juventude na mesma diocese, com o objetivo de formar os jovens para assumirem as suas responsabilidades para a glória de Deus. Vendo a grande mudança na vida destes jovens, em 1996 os Bispos pediram-lhe que se ocupasse dos jovens da RDC. Foi assim nomeada Coordenadora Nacional da Missão Cristã Juvenil "ÁGAPE", com sede em Lubumbashi.

Este Departamento começou em Lubumbashi em   agosto de 1988, onde se chamava
"Vijana vya Maji ya Uzima" (VMU). Em fevereiro de 1989, foi lançada em Bunia com o nome de "AGAPE".

A missão do JCA é proporcionar um enquadramento a todas as crianças, adolescentes e adultos, sem discriminação de religião, género ou estatuto social, com vista a capacitá-los e a permitir-lhes assumir a responsabilidade pelo seu próprio futuro e pelo futuro da nação.

O JCA tem os seguintes objectivos:
- Acolher e supervisionar todos os jovens sem discriminação;
- Apresentar às crianças os seus direitos e o seu lugar na família, na Igreja e na sociedade. sociedade para obter justiça e o reconhecimento da sua dignidade inalienável;
- Ajudar os jovens a descobrir e a aceitar Cristo por si próprios ;
- Iniciar os jovens, através de diversas actividades, no anúncio do Evangelho de Cristo;
- Sensibilizar para certos problemas da vida susceptíveis de surgir no futuro impedem o seu desenvolvimento harmonioso e, consequentemente, o da sociedade no seu conjunto;
- Estimular os jovens a assumirem o controlo do seu próprio futuro e do futuro da nação;
- Incentivar os jovens a tomarem consciência da importância do seu papel na sociedade desenvolvimento da Igreja, da sociedade e da nação;
- Incentivar cada   jovem a encontrar soluções adequadas   às suas   próprias necessidades
  problemas económicos e sociais através do exercício dos seus talentos, das suas qualidades intelectuais e das suas capacidades espirituais, morais e físicas;
- Incentivar os jovens a participarem na formação teológica e científica com o objetivo de para promover a sua vocação para o bem-estar da Igreja e da nação.

Dada a importância destes jovens e o seu compromisso com o ministério de Deus, a Igreja tomou a decisão de os incorporar no PEAC a 31 de maio de 1996, durante a terceira sessão ordinária do Sínodo Provincial, que coincidiu com a celebração do centenário da Igreja Anglicana do Congo em 1996. Gradualmente, este Departamento foi aberto em cada Diocese da PEAC em 2001. Por uma questão de uniformidade, foi chamado "Jeunesse Chrétienne Agape" (JCA).

A 18 de outubro de 2006, os Bispos acrescentaram "em missão" ao nome deste grupo de jovens anglicanos para significar a missão que está encarregado de cumprir.

Atualmente, três cidades albergam os serviços e os responsáveis pela coordenação da JCAM ???? O coordenador, Reverendo Bisoke Balikenga, e o secretário, Sr. Ucama, estão sediados em Bunia. O vice-coordenador, Jean-Bosco Chishweka, e o tesoureiro, Sr. Lumbala Micky, vivem e trabalham em Lubumbashi. A Reverenda Azama Adolphine, responsável pela secção das raparigas, vive em Kindu, Maniema. Apesar desta dispersão, todos os coordenadores do JCA trabalham em conjunto e tudo está a decorrer normalmente, com a graça de Deus.

No âmbito da sua filosofia, o JCA organiza as seguintes actividades para atrair os jovens:
- *A Brigada de Rapazes e Raparigas e o Escutismo*: na história da Igreja Anglicana, encontramos movimentos criados por dois amigos anglicanos: Alexander Smith, que começou com

a *Brigada de Rapazes*, e Baden-Powell com o Escutismo. A brigada tem muito mais disciplina com desfiles, mas ambos os movimentos têm um programa que inclui muitas actividades com os mesmos objectivos de levar os jovens a Cristo. A brigada opera na diocese de Katanga e os escuteiros na diocese de Bukavu.

- *Coros*: O JCA em missão vê a música como uma estratégia para ajudar a difundir a fé cristã em todo o mundo. As actividades dos coros e/ou orquestras são, por isso, consideradas essenciais no seio do grupo de jovens. Utilizando os seus talentos, os membros do coro compõem e publicam canções de louvor, de adoração e de educação cívica, moral e cristã.

- *Ecolededimanche* : leDépartementdela jeunessemarquéqueques

As crianças da RDC são marginalizadas. Não vão à escola e são maltratadas pelos adultos, e mesmo pelos seus pais, como escravas, mandando-as para a rua ou expulsando-as porque foram declaradas, com ou sem razão, bruxas. Estas crianças não têm qualquer visão do futuro e não têm esperança de viver. O JCA, numa missão, apercebe-se de que estas crianças estão privadas dos seus direitos e propõe-se cuidar delas através de uma secção ao seu serviço no PEAC.

Esta secção do JCA supervisiona as crianças em :
- Formar os pais, sensibilizá-los para que assumam seriamente as suas responsabilidades. responsabilidades ;
- Partilhar histórias bíblicas e outras actividades com as crianças;
- Introduzi-los no serviço de Cristo.
- *O grupo de trompetes*. É organizada pelo JCA numa missão da Diocese de Kinshasa. Esta trupe é conhecida pelos seus filmes e pelos seus ensinamentos e conselhos práticos para os jovens. No seu primeiro filme, intitulado "Jeune, fais tout mais..." (Jovem, faz tudo menos...), o trompete estabelece ligações claras entre as suas lições e as do nosso primeiro manual intitulado "Réjouis-toi dans ta jeunesse" (Alegra-te na tua juventude). O evangelista Jean-Marie Ntumba é o iniciador e o autor de todas estas produções, cujos actores provêm de várias igrejas. Infelizmente, a trupe não está atualmente em atividade, após a saída do seu fundador da Igreja Anglicana.

Os centros de actividades organizados pelo JCA incluem
- O centro de juventude de Bunia. Funciona como um centro de actividades, de reuniões e de acolhimento;
- O centro agrícola de Makabo, em Bunia. Este centro (que já não existe ????) era responsável pela sensibilização e formação de grupos agrícolas nas zonas rurais.
- O centro Tumaini para raparigas traumatizadas e mães raparigas em Bunia. Este centro (que já não existe ????) acolhia raparigas que tinham sido violadas ou traumatizadas pelos massacres e pilhagens das suas famílias durante a guerra, bem como as que viviam com VIH/SIDA. O centro desratiza-as e ensina-as a ler e a escrever, a coser e a tricotar, a viver em grupo, sensibilizando-as para se valorizarem na sociedade.
- O centro de rastreio voluntário das doenças sexualmente transmissíveis (VIH/SIDA, infecções sexualmente transmissíveis, etc.) de Bunia, que trabalha em parceria com o serviço médico do PEAC.

O JCA organiza igualmente várias sessões para os jovens, nomeadamente :
- Luta contra o VIH/SIDA em parceria com o serviço médico do PEAC;
- Formação em liderança para jovens;
- Mudança de mentalidades e sentido de responsabilidade;
- Desraumatização em ambiente de guerra ;
- Paz e reconciliação, nomeadamente em Ituri, em benefício das tribos divididas pelo conflito.

guerra.

Centro de formação de líderes juvenis em Mahagi.

Não podemos concluir a nossa análise do serviço da juventude sem mencionar o Centro de Formação dos Encarregados de Jovens (CFEJ) de Mahagi.

Situado na cidade de Mahagi, no território com o mesmo nome, na atual província de Ituri, este centro foi criado em 2004 por Judy Acheson. Os seus objectivos são

- Dotar os alunos de conhecimentos   teóricos e práticos na gestão da juventude ;
- Ajudar os estudantes a conceber   programas   que   respondam   às   suas   necessidades   e exigências as aspirações dos jovens que têm de supervisionar em relação às realidades das suas comunidades e do seu ambiente;
- Apresentar aos   alunos as formas como os   jovens podem   adquirir experiência com Jesus Cristo ;
- Iniciar os alunos na identificação correta dos principais problemas que os jovens enfrentam e ajudá-los a encontrar eles próprios soluções adequadas e apropriadas.

Desde agosto de 2004, este centro recebe jovens líderes de toda a RDC, do Uganda e do Sudão do Sul para uma formação especializada na pastoral juvenil. Liderança, psicologia infantil e juvenil, juventude e sociedade, desenvolvimento e espiritualidade são as principais matérias ensinadas no centro.

Para além da formação de animadores de juventude, o CFEJ criou em 2008, por decisão do seu Conselho de Administração, o *Instituto Superior de Técnicas de Animação Social* (ISTAS). Este estabelecimento de ensino superior, igualmente sediado em Mahagi, oferece dois cursos: serviço social e gestão informática.

Eis a lista dos diretores-gerais que dirigiram o Centro AGAPE de Mahagi:
- . Reverendo William Bahemuka Mugenyi, de 2004 a 2011
- . Venerável Jean-Marie Kithoko Kabange, de 2011 a 2013
- . Reverendo Martin Nguba, de 2013 -

14.3.4. Departamento de Desenvolvimento e Obras Sociais

HISTÓRIA E EVOLUÇÃO DO DEPARTAMENTO DE DESENVOLVIMENTO E OBRAS SOCIAIS DA IGREJA ANGLICANA DO CONGO (EAC): 19802016

Este historial é apresentado sob a forma de quadro 2, no apêndice do presente trabalho. O quadro em questão é um resumo do trabalho social levado a cabo pela Igreja sob a égide dos seus vários pastores. Limitámo-nos a uma apresentação sumária das realizações implementadas através dos esforços, lobbying e advocacia do gabinete nacional da EAC. É importante notar, contudo, que em cada diocese da EAC foram iniciadas e levadas a cabo várias acções de desenvolvimento para o bem-estar socioeconómico e sanitário das comunidades. Estas incluem escolas, centros de saúde, centros de formação profissional, prevenção e luta contra a VSBG, paz e reconciliação entre comunidades em conflito, gestão ambiental e actividades agro-pastoris,

14.3.5.   O Departamento Provincial da *União* das Mães
PRESIDENTES PROVINCIAIS DA UNION DES MERES

KAMANYOHA NJOJO
1992 - 2002

MARIE RII KAHORO DIROKPA
2003 - 2004

GODELIVE MUGISA ISINGOMA
2009 - 2016

NAOMIE AMUNAZO KATANDA
2004 - 2009
2016 -

DAMALIE SABITI
1992 - 2009

JOSEPHINE MASUKA
2009 - 2016

VIRA MAMBOYABO MARTHE
2016 -

 A União *das Mães* é uma organização feminina que reúne mulheres das várias Dioceses e Províncias Eclesiásticas da Comunhão Anglicana. A sua missão é a evangelização e outras actividades económicas familiares e sociais.

 Esta organização foi fundada em Inglaterra em 1876 por uma mãe chamada Elisabeth Mary Sumner. Ela nasceu numa família de três filhos, dos quais ela era a mais nova. Era uma família com um bom testemunho cristão, que amava Deus e se dedicava totalmente ao seu serviço.

Breve história do departamento da União das Mães

ᵉEm 1992, durante a entronização do I Arcebispo da nova província eclesiástica da Igreja Anglicana do Congo em Bunia, Sua Graça Njojo Byankia Patrice, o Colégio dos Bispos da PEAC nomeou coordenadores para os vários departamentos. O departamento da União das Mães foi dirigido por Sua Graça Kamanyoha Njojo como Presidente e por Madame Damalie Sabiti como Secretária Provincial da União das Mães.

Algumas das nossas realizações

Sob a sua responsabilidade, tinham criado um gabinete em Bunia onde trabalhavam em colaboração com outros departamentos como o BDC, ETE, Evangelização...

- Realizaram-se em Kampala reuniões das esposas dos bispos e dos seus secretários diocesanos.
- Cursos de formação sobre o desenvolvimento e a educação cristã ;
- Redação dos estatutos e do regulamento interno da associação de mães;
- Desenvolver e definir objectivos, valores, missão e visão
  1. **Objectivos:**
     - Promover e apoiar a vida conjugal
     - Encorajar os pais no seu papel de desenvolver a fé dos seus filhos
     - Manter uma comunhão mundial de cristãos unidos em oração, adoração e serviço
     - Promover condições favoráveis na sociedade para uma vida familiar estável e para a proteção das crianças
     - Ajudar as pessoas que enfrentam adversidades na sua vida familiar.
  2. **Valores:** L'union des mères está firmemente enraizada numa ética de voluntariado. A sua governação, liderança e programas são conduzidos pelos membros e realizados pelo mundo, à medida que respondem ao apelo de Deus à fé e à ação.
  3. **Crenças :**
     - Acreditamos no valor e na igualdade de cada indivíduo;
     - Acreditamos no valor das relações: Jesus disse: "Amarás o Senhor teu Deus de todo o teu coração, de toda a tua alma e de todo o teu entendimento" e amarás o teu próximo como a ti mesmo.
     - Acreditamos no valor da família, em todas as suas formas, como fonte de amor e apoio para os indivíduos e como base de uma comunidade solidária.
  4. **Visão:** é a de um mundo onde o amor de Deus se manifesta através de relações de amor, respeito, etc.
  5. **Missão:** Demonstrar a fé cristã em ação, transformando as comunidades em todo o mundo através da promoção da família em todas as suas formas.

Em 2003, Sua Graça Dirokpa Balufuga Fidèle foi eleito Arcebispo da EAC e a sua esposa, a falecida Mama Marie Rii Kahoro, tornou-se Presidente provincial da Union des Meres e continuou a trabalhar com Mama Damalie Sabiti como secretária provincial da UM.

Quando a Presidente, Sua Graça Marie RII KAHORO Dirokpa, faleceu em 2004, o Colégio dos Bispos decidiu que a esposa do Bispo de Kindu, Mama Naomi Amunazo Katanda, deveria continuar como Presidente da União das Mães, trabalhando ao lado da Secretária, Madame Damalie Sabiti.

Em 2009, Sua Graça Dirokpa BalufUga Fidèle reformou-se e o Arcebispo Isingoma Kahwa Henri foi eleito Arcebispo, tendo a sua esposa Mama Godelive Mugisa Isingoma assumido a presidência da União Provincial das Mães, com Mama Joséphine Masuka como secretária.

Durante este período, com a visão do desenvolvimento e o lançamento dos objectivos do milénio na luta contra a pobreza e a promoção das mulheres na consolidação da paz no mundo, a união das mães criou uma estrutura denominada UFPPS, que significa *"Union des Femmes pour la Paix et la Promotion Sociale"* (*União das Mulheres para a Paz e a Promoção Social*), cujo objetivo é promover, valorizar e encorajar as mulheres a serem mensageiras da paz e a participarem no desenvolvimento integral.

A UFPPS tem uma visão de bem-estar da mulher, sem distinção de denominação; trabalha com todas as denominações religiosas.

Em colaboração com o nosso país, a RDC, no âmbito da luta contra a violência sexual contra as mulheres, a UFPPS foi financiada pela União Europeia, DIFD e Tearfund para combater a violência sexual baseada no género no leste da RDC. Foram realizadas as seguintes actividades para as sobreviventes da violência:

- Formação de líderes religiosos sobre violência sexual e gestão da AGI
- A aprendizagem é feita de acordo com as necessidades de cada grupo;
- Educação escolar para crianças nascidas de violação;
- Aquisição de equipamento de reabilitação ;
- Actividades geradoras de rendimento (AIG)
- Microcrédito

Com a ajuda da União das Mães, os beneficiários foram bem servidos e bem tratados através desta estrutura do 1UFPPS; e os outros aceitaram Jesus como seu Salvador e permaneceram na Igreja para servir Deus na nossa comunidade.

No âmbito da promoção das mulheres e da luta contra o analfabetismo, a Union des mères provinciale tinha formado os secretários diocesanos em alfabetização prática com o apoio da Mary Sumner House, formando os formadores que, por sua vez, formavam outros formadores nas suas respectivas dioceses.

As mães e as filhas-mães foram as beneficiárias diretas; elas tinham testemunhado que sabiam ler a Bíblia.

A abordagem ENP [Ensemble Nous Pouvons] foi introduzida em 2007 para reforçar a filosofia do auto-cuidado nas dioceses onde esta abordagem foi aplicada, como as dioceses de Kivu do Norte, Boga e Aru. As outras dioceses estão em fase experimental. Esta abordagem ajudou e continua a ajudar as Igrejas na área do desenvolvimento e da implantação de igrejas, e as mães que são membros da União de Mães são pioneiras nesta abordagem.

Em 2016, Sagrâce Isingoma reformou-se antecipadamente e, durante o mesmo ano, a

O colégio dos bispos elegeu Monsenhor Masimango Katanda Zacharie e a sua esposa Mamã Naomi Amunazo Katanda como presidentes da união provincial ou nacional das mães, conforme acordado, e por votação dos bispos, Mamã Vira Mamboyabo Marthe foi eleita Secretária Nacional e coordenadora do departamento da união das mães.

O escritório central da União das Mães fica em Londres (Inglaterra), num edifício chamado Mary Sumner House. Este escritório supervisiona e paga os salários das Secretárias *de Trabalho* da União das Mães e também assegura a sua deslocação dentro da sua Diocese ou Província. A nível de Província Eclesiástica, há uma Secretária Provincial que recebe o seu salário do escritório central e viaja dentro da Província e para o estrangeiro em assuntos oficiais.

O gabinete provincial organiza igualmente acções de formação para o reforço das capacidades, tanto no país como no estrangeiro, com especial destaque para o intercâmbio de experiências.

15. O CENTENÁRIO DA IGREJA ANGLICANA DO ZAIRE (1896-1996)

Em suma, foi nas duas últimas décadas do seu centenário que a Igreja Anglicana conheceu uma expansão extraordinária. A história dos cem anos de existência da Igreja Anglicana no Zaire recorda sobretudo as dificuldades do seu estabelecimento. A Igreja sofreu não só com as políticas discriminatórias dos colonialistas e dos missionários, mas também com o fervor agressivo de certas comunidades protestantes locais e com os problemas doutrinais resultantes da aceitação precipitada de membros de igrejas marginalizadas durante o seu crescimento geográfico.

Apesar dos vários obstáculos e carências que sofreu, as suas realizações em termos de evangelização são incontáveis, graças à coragem e à determinação do ministério de Apolo Kivebulaya.

Desde a primeira visita de Apolo, a Igreja Anglicana do Zaire continuou a espalhar-se por todo o país. No espaço de cem anos, espalhou-se de Mboga para a parte oriental do Congo, antes de se espalhar para o centro e oeste do país até ao Oceano Atlântico. Partindo de um pequeno grupo de fanáticos convertidos por Apolo, a Igreja Anglicana baptizou mais de meio milhão de fiéis nos últimos cem anos, espalhados por cinco dioceses com um total de mais de 300 paróquias e 32 arquidioceses.

Em suma, a Igreja Anglicana do Zaire atingiu um marco importante em 1972 com a criação da sua primeira diocese, a de Mboga-Zaire. Outro passo crucial foi a inauguração da Província da Igreja Anglicana do Zaire (PEAZ) a 30 de maio de 1992. Ao tornar-se uma Província, foi criada uma estrutura administrativa autónoma no seio da Comunhão Anglicana mundial.

Desde 1960, a Igreja Anglicana do Congo, dirigida pelos congoleses, está presente nas 11 províncias administrativas antes da divisão territorial de janeiro de 2016.

Uma das suas principais prioridades tem sido a educação teológica. É por isso que criou muitas escolas bíblicas, incluindo o Instituto Superior de Teologia Anglicana (ISThA) em Bunia, que oferece ensino de nível universitário. Muitos outros estudantes foram formados noutras instituições teológicas ou universitárias no país e no estrangeiro. A sua principal preocupação é equipar a Igreja com líderes intelectuais capazes de resolver os problemas colocados pela sociedade contemporânea: exercer um ministério holístico, participar em debates teológicos de alto nível, inculturar o Evangelho e a liturgia, etc.

Continuamos convencidos de que, para além do balanço, a criação de uma Igreja sem uma dimensão cultural local não pode contribuir para o enraizamento efetivo do Evangelho. Nesse caso, o Evangelho é como uma camada de verniz sobre um fundo cultural tradicional, que ressurge constantemente quando o cristianismo não satisfaz, porque permanece alheio ou indiferente à situação concreta no terreno.

Por ocasião do centenário, milhares de fiéis de todo o mundo reuniram-se em Boga a 30 de maio de 1996 para prestar homenagem às obras de Apolo Kivebulaya, agradecer a Deus pela sua dedicação e celebrar a sua obra e o seu ensino. A admiração foi enorme, como demonstra a exclamação de D. Bruce Stavert, bispo anglicano do Quebeque (Canadá), presente nas cerimónias: "Que homenagem a Apolo e que medida de fidelidade ao Senhor por parte dos seus discípulos" (9).

Em todo o Congo, a Igreja Anglicana é vibrante e dinâmica, apesar da sua pobreza material e das dificuldades que tem enfrentado.

Hoje, é pouco provável que outros obstáculos se interponham no caminho das suas actividades. Em cem anos, os progressos foram feitos graças aos esforços concertados dos nativos, dos parceiros e dos missionários, nomeadamente do CMS/Inglaterra, da Austrália e da Irlanda, do Ministério da África Central, da Igreja Episcopal dos Estados Unidos e do Canadá, etc. Todos eles merecem a nossa gratidão pelos seus sacrifícios e dedicação à causa do Evangelho. Todos eles merecem a nossa gratidão pelos seus sacrifícios e dedicação à causa do Evangelho. É claro que ainda há muito a fazer em muitos domínios onde os seus contributos continuam a ser indispensáveis.

Que o centenário da Igreja Anglicana do Congo seja uma oportunidade para fazer um balanço da saúde espiritual, física e material da Igreja, com vista a assegurar o seu desenvolvimento harmonioso e o dos seus membros em particular, e da população congolesa em geral, nos anos que se seguem ao centenário.

NOTAS

Segunda Era A.

(1) Bezaleri Ndahura, *Implantation de l'Église anglicane au Zaïre,* Mémoire de licence, inédito, Faculté Protestante de Théologie, Kinshasa, 1974, p.99.

(2) Yossa Way, *La Spiritualité de l'Eglise anglicane du Congo face aux défis contemporains,* tese de doutoramento em teologia, não publicada, Université protestante du Congo, Kinshasa, 2009, p.82.

(3) Dirokpa BalufUga, *La liturgie anglicane et l'inculturation hier, aujourd'hui et demain : regard sur la célébration eucharistique en République Démocratique duCongo,* Thèse de doctorat en théologie, não publicado, Université Laval, Québec-City, Canadá, 2001, p.36.

(4) Canon Bill Norman, em *Centenary of the Anglican Church in Zaire (Centenário da Igreja Anglicana no Zaire),* p.23.

(5) Ridsdale Lucy e Philip, *Nota sobre a carta do Bispo Dirokpa de 6.11.1998.*

(6)   ISTHA, *Uma Breve História da Igreja Anglicana no Zaire*, 1996, p.9.

(7)Tim Naish, *An Experience of Francophone Anglicans*, em Andrew Wingate, *Anglicanism a Global Communion*, Kevin Ward e Carrie Pemberton (Ed.), Nowbray, 1998, p. 165.

(8)   Yossa Way, *op.cit.* ,p. 122.

(9)   Monsenhor Bruce Stavert, em *Centenary of the Anglican Church in Zaire*, p.25.

Parte 4
Capítulo 4
B. A INFLUÊNCIA DAS OBRAS EVANGÉLICAS APÓS O CENTENÁRIO (1996-2016)
1. Mudança política no país e seu impacto nas igrejas

Em 17 de maio de 1997, as forças da AFDL (Alliance des Forces pour la Libération du congo-Zaïre) do Mzee Laurent Désiré Kabila entraram em Kinshasa e obtiveram uma vitória esmagadora sobre as forças e o regime de Joseph Désiré Mobutu Sese Seko, então Presidente da República do Zaire. Na sequência desta mudança de regime, o país voltou a chamar-se República Democrática do Congo (RDC), como se chamava antes de 27 de outubro de 1971.

A Igreja Anglicana do Zaire volta a ser a Igreja Anglicana do Congo (EAC) e a Província Eclesiástica do Zaire a Província da Igreja Anglicana do Congo (PEAC). As Igrejas são livres de continuar a utilizar os antigos nomes cristãos de origem estrangeira nos baptismos. A evangelização retoma o seu curso normal, apesar das dificuldades materiais e financeiras.

A chamada guerra de libertação das AFDL, conduzida por soldados ruandeses, ugandeses e congoleses, também conhecidos como Kadogo (crianças-soldado ou crianças associadas a forças e grupos armados), começou em Uvira em novembro de 1996. Depois de atravessarem o Congo de leste para oeste, entraram triunfalmente em Kinshasa a 17 de maio de 1997. Em consequência, o Presidente Mobutu fugiu para Gbadolite e depois para o exílio no Togo e em Marrocos, onde morreu.

No final da guerra das AFDL, a 27 de julho de 2008, o Presidente Laurent-Désiré Kabila exigiu a partida dos soldados ruandeses e ugandeses que lhe tinham prestado ajuda, mas que actuavam como verdadeiros potentados no país. Estes rebeldes organizaram uma ofensiva sobre Goma e Bukavu, que capturaram com facilidade a 2 de agosto de 2008. Em seguida, aterraram de avião em Moanda (Baixo-Congo) com o objetivo de atacar a cidade de Kinshasa e destituir o novo presidente do poder. Mas foram expulsos do Baixo-Congo e da cidade de Kinshasa pelo exército do Mzee Kabila, apoiado pelos exércitos angolano e zimbabweano.

Foi nessa altura que os soldados ruandeses do RCD e os seus cúmplices congoleses se retiraram para o interior do país. Com o tempo, e com o aparecimento de outros movimentos rebeldes, o Congo acabou por ser dividido em cinco partes geridas por governos rebeldes locais autónomos: O RCD de Azarias Ruberwa Manywa em Goma, o Rassemblement Congolais pour la Démocratie Kisangani Mouvement de Libération (RCD/K-ML) de Mbusa-Nyamwisi, o Rassemblement Congolais pour la Démocratie National (RCD/N) de Roger Lumbala em BaiWasende, o Mouvement de Libération du Congo (MLC) de Jean-Pierre Bemba Gombo e o governo legal de Joseph Désiré Kabila Mzee em Kinshasa. Cada movimento tem um presidente, uma equipa governamental, uma força armada autónoma e uma administração.

Estes problemas chegaram ao fim no Diálogo entre os Congoleses, após várias reuniões sob a égide de mediadores internacionais em Lusaka, Gaborone, Adis Abeba, Pretória e, finalmente, *Sun City*, na África do Sul, em 2002. Foi aí que, sob a mediação do senegalês Moustapha Niasse, os congoleses concordaram com a formação de um chamado Governo 1+4, composto por um Presidente da República e 4 Vice-Presidentes, que formaram assim um Governo de Transição por um período de cinco anos (2002-2006).

Todas estas guerras e as suas consequências não deixaram de desestabilizar a Igreja Anglicana, como todas as outras Igrejas: grande número de refugiados, perda de vidas, destruição das infra-estruturas da Igreja, do ambiente, etc.

Outra guerra tribal, tão atroz como as duas primeiras, eclodiu em Ituri e atingiu o coração da Igreja Anglicana de 2001 a 2003. Causou inúmeros danos materiais e humanos.

2. Instalação do gabinete de ligação da Igreja Anglicana do Congo em Kampala

O gabinete de ligação da Igreja Anglicana do Congo em Kampala, no Uganda, foi criado em 1997 por decisão do Colégio Episcopal, em solo estrangeiro, na sequência da quase total falência dos sistemas de comunicação (correios, bancos, estações de rádio, etc.) na República Democrática do

Congo, em resultado das recorrentes guerras de libertação acima referidas.

O   principal objetivo da criação do gabinete   de ligação era servir   de ponte   entre

A Igreja local na RDC e o mundo exterior durante o período em que o país estava quase sufocado pelos efeitos da guerra. Este objetivo manteve-se inalterado até hoje, embora se tenha verificado uma melhoria notável nas comunicações. No entanto, a estabilidade e a segurança são ainda frágeis e precárias no leste do Congo.

De 1997 a junho de 2002, este gabinete foi dirigido, respetivamente, por Pat Clay, uma missionária da Church Missionary Society (CMS) de Inglaterra destacada para a Diocese de Boga, e por Margaret Crewes, vulgarmente conhecida por "Maggie", uma missionária australiana na Diocese de Kivu do Norte (CMSA), ambas refugiadas em Kampala/Uganda.

Desde julho de 2002 até à data, o gabinete é dirigido pelo Sr. Frederick Ngadjole, um missionário congolês colocado no Uganda.

É importante notar, de passagem, que este gabinete de ligação não é um Departamento da Província da Igreja Anglicana do Congo. É antes uma unidade técnica missionária especial, ligada ao gabinete provincial por um mandato renovável bem definido e com um objetivo muito preciso. É um ponto de referência tanto para o mundo exterior como para os nativos. O contrato de funcionamento atual vai até ao fim de dezembro de 2017.

Desde a sua criação, este gabinete tem beneficiado do apoio financeiro da *Trinity Church Wall Street*, nos Estados Unidos, e da *Church Missionary Society*, em Inglaterra, para o seu funcionamento.

Este gabinete está localizado no complexo administrativo da Igreja Anglicana do Uganda, no seguinte endereço físico: "Willis Road, Namirembe Hill, Mothers' Union Building/Namirembe Diocese, Upper Floor".

O serviço de ligação tem as seguintes funções

- Receber e orientar tanto os líderes como os membros da Igreja Anglicana do Congo do que parceiros numa missão de serviço no Uganda ou apenas de passagem;
- Para os ajudar a regularizar os seus documentos de viagem, se necessário;
- Gerir a caixa postal "25586 Kampala, Uganda" para a província de a Igreja Anglicana do Congo e os seus membros;
- Facilitar, se necessário, as transacções financeiras em benefício do PEAC;
- Canalizar toda a correspondência para o seu destino;
- Fornecer as informações de orientação necessárias às pessoas que desejem contactar a Igreja Anglicana do Congo a vários níveis;
- Atuar como elo de ligação nas transacções bilaterais entre a Igreja Anglicana do Congo, os seus Departamentos, as suas instituições e o mundo exterior, quando necessário;
- Em certa medida, carrega a bandeira da Igreja Anglicana do Congo no Uganda;
- Executar qualquer   outra tarefa atribuída pela hierarquia,   dentro dos   limites da sua autoridade.
  competência.

N.B. O gabinete de ligação da Igreja Anglicana do Congo desempenha um papel muito importante na vida desta comunidade, porque sem a sua presença, o funcionamento das nossas dioceses tornar-se-ia impossível.

3. A criação de novas dioceses no âmbito do PEAC
3.1. Diocese de Kindu

Peter Dawson
Ass Bukavu à Kindu
1992 -1997

MASIMAGO KATANDA Zacharie
1997 -

A Igreja Anglicana foi estabelecida em Maniema, mais precisamente em Kindu, em 1972, através da seita *"Eglise Protestante Libre du Congo"*. Esta seita protestante, que não tinha estatuto civil, juntou-se à Igreja Anglicana quando o governo zairense decidiu que todas as igrejas protestantes deviam ser membros da Igreja de Cristo no Congo (ECZ), como já foi referido.

Mons. Peter Dawson, CMSA, foi consagrado Bispo Auxiliar da Diocese de Bukavu a 2 de fevereiro de 1992 na Catedral de Santo André em Sydney, Nova Gales do Sul, por Sua Graça Donald Robinson, Arcebispo e Bispo da Diocese de Sydney na Austrália. Foi enviado para Kindu em 1992 para preparar a nova Diocese de Kindu.

A 30 de agosto de 1997, foi inaugurada a 6ª Diocese da PEAC: a Diocese de Kindu, com a consagração e entronização do Bispo Masimango Katanda Zacharie em Kindu por Sua Graça Patrice Njojo Byankya, Arcebispo da PEAC. Foi assim o primeiro bispo desta nova diocese, que resultou da cisão da Diocese de Bukavu.

A Mamã Naomi Amunazo Katanda foi a primeira Presidente da União das Mães da Diocese de Kindu. De 2004 a 2009, foi também a Presidente Provincial da União das Mães, substituindo Maman Marie Rii Kahoro Dirokpa, que faleceu em 2004.

3.2.   Diocese de Kinshasa

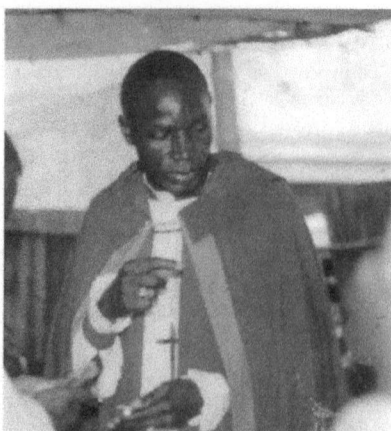

MAVATIKWA KANY
Ass. Kisangani à Kinshasa
1997 - 1999

DIROKPA BALUFUGA Fidèle
2003 -2009

ISINGOMA KAHWA Henri
2009 - 2016

Achille S. MUTSHINDU MAYAMBA
2016 -

O anglicanismo foi introduzido em Kinshasa por missionários anglicanos americanos que trabalhavam para organizações internacionais. A primeira comunidade anglicana em Kinshasa foi fundada pelo   Reverendo Theodore Lewis em 1967   .
Foi nomeado funcionário da Agência Internacional para o Desenvolvimento (IDA) em Kinshasa. Na qualidade de padre anglicano, cuidava de uma pequena comunidade anglicana de língua inglesa em Kinshasa, sob a supervisão do Arcebispo da Zâmbia.

Em 1974, o Reverendo Ndahura Bezaleri, representante legal da Comunidade Anglicana do Zaire em Mboga, viajou para Londres via Kinshasa. Em Kinshasa, encontrou-se com pastores e catequistas que se diziam anglicanos e que já tinham aberto quatro paróquias, em Livulu (dirigida por Lumbala), Bumbu (dirigida por Mavatikwa), Makala (dirigida por Mario) e Ndjili (dirigida por Kabengele).

Quando regressou a Mboga, Ndahura Bezaleri apresentou um relatório ao seu bispo, Philip Ridsdale, que enviou o   Reverendo   Beni   Bataaga,   na   altura   um   responsável
                    diocesano   pelo desenvolvimento, como seu adjunto   .
chefe da Comunidade Anglicana de Kinshasa em 1979.
Quando chegou, a sua primeira tarefa foi ensinar às pessoas o anglicanismo: a liturgia, os sacramentos, a contabilidade, a administração da igreja, etc.
Em segundo lugar, procurou terrenos: Comprou um terreno em Livulu com dinheiro de Mons. Ridsdale; depois, uma grande casa em Limete, no distrito de Funa, como residência e centro anglicano em Kinshasa, com dinheiro da Tearfund; construiu uma igreja em Ngaliema, com dinheiro proveniente das contribuições dos servos de Deus e dos paroquianos; comprou e construiu uma igreja em Bumbu com dinheiro dos cristãos e este edifício foi concluído por Mons. Isingoma em 2001. Isingoma em 2001.
Em Makala e Selembao, os cristãos alugaram locais de culto a pessoas que não eram anglicanas,
Também iniciou o culto em inglês para os diplomatas das embaixadas da Grã-Bretanha, dos Estados Unidos da América, da Libéria, etc.
Também iniciou o culto francês em Kintambo, no edifício de uma igreja batista. Enviou os líderes destas igrejas de Kinshasa para Boga para serem formados e ordenados sacerdotes. Os outros foram enviados para Kisangani para serem treinados como catequistas.
Para além destas actividades eclesiásticas, procurava obter vistos de estabelecimento para missionários anglicanos.
Aqui estão as pessoas que o apoiaram quando ele chegou:
- Dr. Lobo Iwa Djugudjugu e especialmente a sua esposa Mariam Kabadjungu
- Diplomatas da Grã-Bretanha, dos Estados Unidos da América e da Libéria
- Família Dieudonne Tambaki
- Família Isingoma Constatin
- Família André Rwaheru
- Indy Bijwerenda e outros.
Deixou Kinshasa em novembro de 1989 para a diocese de Mboga e foi substituído por François Bolamba, enviado pela diocese de Kisangani.
Mais tarde, em 1997, o Reverendíssimo Mavatikwa Kany, Arquidiácono de Kisangani, foi consagrado Bispo e enviado para Kinshasa como Bispo Auxiliar, mas infelizmente faleceu no momento em que iniciava o seu ministério episcopal em Kinshasa, a 29 de dezembro de 1999.

Após a morte de D. Mavatikwa Kany, bispo auxiliar da diocese de Kisangani, com residência em Kinshasa, D. Henri Isingoma Kahwa, bispo da diocese de Katanga, na altura no exílio, foi enviado em 2000 pelo Colégio dos Bispos da PEAC para Kinshasa para administrar este arquiaconado e continuar a preparação da diocese de Kinshasa, uma tarefa anteriormente atribuída ao falecido D. Mavatikwa.

A Igreja Anglicana está mais concentrada na parte oriental da RD Congo. Desde o início da evangelização, em 1896, a sede administrativa da Igreja foi estabelecida em Mboga. Só em 1992, ano da entronização do primeiro Arcebispo e da criação da Província Eclesiástica, é que foi transferida para Bunia (120 km a nordeste de Boga). Apesar da criação da Província Eclesiástica da Igreja

Anglicana do Congo, só em 2003 é que foi aberta uma diocese no oeste do país, nomeadamente em Kinshasa, a capital do país.

Em 2003, o Sínodo Provincial da Igreja Anglicana do Congo, realizado em fevereiro de 2003 em Bukavu, decidiu transferir a sede da Igreja Anglicana para Kinshasa, a fim de reforçar as suas actividades na parte ocidental da República Democrática do Congo e no Congo Brazzaville. De facto, de acordo com a constituição da Província da Igreja Anglicana do Congo, o Arcebispo da referida Província é, ex officio, Bispo da Diocese de Kinshasa.

°Em 20 de dezembro de 2003, aquando da inauguração oficial da 7 Diocèsedela PEAC: a Diocese de Kinshasa, com a instalação, na Catedral do Centenário Protestante de Kinshasa, do Dr. Fidèle Dirokpa Balufuga, antigo Bispo da Diocese de Bukavu, como primeiro Bispo desta Diocese. Esta Diocese nasceu da divisão da Diocese de Kisangani.

Sua Graça Fidèle Dirokpa continuará a servir ao mesmo tempo como Bispo Titular da Diocese de Bukavu até 2006, ano da entronização do novo Bispo desta Diocese, D. Sylvestre Bahati Bali-Busane. Durante a cerimónia, o Reverendo Jean Molanga Botola, Secretário Provincial do PEAC, foi consagrado por Sua Graça Fidèle Dirokpa Balufuga, Bispo Auxiliar da Diocese de Kinshasa, na Catedral de Bukavu.
Centenário do Protestantismo em Kinshasa.

A primeira preocupação do novo arcebispo e bispo da diocese de Kinshasa, logo que se mudou, foi a de dotar a nova diocese, que albergava a sede provincial, de uma infraestrutura digna para o funcionamento harmonioso das suas duas instituições, a diocese e a província. De facto, havia apenas uma casa, comprada na altura do Bispo Henri Isingoma Kahwa. Esta casa servia para albergar a família do Secretário Provincial, o Bispo da Diocese de Kinshasa, os escritórios diocesanos e provinciais e uma capela para o culto dominical. As condições de trabalho estavam longe de ser eficientes no início das actividades diocesanas e provinciais em Kinshasa.

A 2 de julho de 2004, com a ajuda da UTO (EUA), do Decanato de Jersey (Ilhas Britânicas/Inglaterra) e da Congo Church Association (CCA/Inglaterra), foi adquirida uma casa para a residência do Bispo da Diocese de Kinshasa, que é também o Arcebispo da PEAC, de acordo com a Constituição da PEAC.

A 14 de março de 2005, realizou-se o sonho de morte de Apolo Kivebulaya: "Enterrem-me com a cabeça virada para o Ocidente, para que a obra do Senhor possa continuar".

A Diocese de Kinshasa tinha enviado o primeiro evangelista, Hilaire Wasoga, para estabelecer a Igreja Anglicana do Congo em Moanda/Banana, na foz do rio Congo, 109 anos depois de o anglicanismo ter sido introduzido em Mboga por evangelistas ugandeses. Note-se que Hilaire Wasoga é um antigo cristão da diocese de Kindu que trabalhava para uma companhia petrolífera, a SOCIR, em Moanda, e que aceitou de bom grado este cargo. Em 2009, o Bispo da Diocese de Kinshasa, Judy Acheson, responsável pela Juventude, e Maman Rosalie Etsa, Secretária da União das Mães da Diocese de Kinshasa, visitaram esta igreja incipiente para verem com os seus próprios olhos a realidade da sua existência.

Em 15 de maio de 2005, realizou-se a cerimónia de lançamento da primeira pedra para a construção de um edifício de dois andares (12m x 18m) para albergar os serviços provinciais e diocesanos no rés do chão, bem como a igreja e o salão polivalente. O edifício ficou concluído em 17 de maio de 2009. No entanto, o rés do chão já estava a ser utilizado como capela e sala polivalente desde julho de 2007, assim como uma parte do primeiro andar como escritórios. Faltavam apenas alguns trabalhos de acabamento.

Foram também adquiridas outras casas e terrenos desocupados para albergar outros serviços diocesanos e provinciais.

°A 9 de agosto de 2009, D. Henri Isingoma Kahwa, então Bispo da Diocese de Boga, foi entronizado por Sua Graça Fidèle Dirokpa BalufUga, como o 3.° Arcebispo do PEAC em Kinshasa, na Sala de Conferências do Jardim Botânico de Kinshasa. Na mesma data, Sua Graça o Dr. Fidèle Dirokpa Balufuga, tendo atingido a idade constitucional da reforma, entrou em repouso, após 30 anos de ministério efetivo e pleno, em honra de Deus (1979 -2009).

Em 13 de junho de 2010, uma grande comunidade de anglicanos nigerianos a viver em

Kinshasa descobriu a Igreja Anglicana do Congo e juntou-se   à Paróquia da Catedral de São Pedro na   Diocese de Kinshasa   .

A Igreja Anglicana de Kinshasa manifesta claramente o seu apoio: a conclusão do edifício administrativo e da capela da EAC em Kinshasa, o apoio a outras capelas e paróquias, a compra de um veículo para a Igreja, a compra de um terreno à comuna de Ngiri-Ngiri com vista à construção da Catedral Anglicana de Kinshasa e outros serviços pontuais dignos de nota, etc.

A 7 de novembro de 2012, D. Jean Molanga Botola, Secretário Provincial e Bispo Auxiliar da Diocese de Kinshasa, foi nomeado Bispo Missionário para a EAC da República do Congo-Brazzaville. Foi substituído como Secretário Provincial pelo Venerável António Kibwela a 12 de abril de 2013.

A 31 de janeiro de 2016, D. Achille Sébastien Mutshindu Mayamba foi consagrado em Kamango por Sua Graça Henri Isingoma Kahwa como Bispo Auxiliar da Diocese de Kinshasa. A sua consagração teve lugar ao mesmo tempo que a de D. Daniel Sabiti Tibafa, Bispo da nova Diocese de Kamango, no Nordeste da RDC.

O Bispo Achille Sébastien Mutshindu Mayamba foi eleito Bispo titular da Diocese de Kinshasa a 12 de julho de 2016 pelo Colégio Episcopal da EAC, reunido em sessão extraordinária em Kinshasa de 10 a 13 de julho de 2016. Nesta qualidade, substitui Sua Graça Isingoma Kahwa Henri, que era também Bispo da Diocese de Kinshasa, mas que se demitiu em fevereiro de 2016 por motivos de saúde, segundo a sua declaração.

ee O Bispo Achille Sébastien Mutshindu foi entronizado a 11 de setembro de 2016 na Catedral de Saint Pierre em Kinshasa como Bispo titular da Diocese de Kinshasa por Sua Graça Masimango Katanda Zacharie, que foi entronizado na mesma data como Arcebispo da Igreja Anglicana do Congo.

3.3. Diocese de Aru

Georges Titre Ande
2005 -

O anglicanismo chegou à região de Aru e Mahagi através dos anglicanos do Congo Lai que tinham vindo do Uganda. Os anglicanos de Mahagi, tendo sabido que havia uma diocese anglicana em Boga, pediram que o anglicanismo se estabelecesse ali, pois estavam a viver uma crise de identidade no seio do CECA-20, que não admite, por exemplo, o batismo infantil.

O Bispo da Diocese de Boga, Philip Ridsdale, respondeu favoravelmente ao seu pedido e a Igreja Anglicana foi aberta em Mahagi a 24 de dezembro de 1979, enquanto que em Aru foi aberta a 13 de março de 1982. É de notar que todos os que tomaram medidas para estabelecer o anglicanismo em Aru e Mahagi eram leigos.

ᵉA 8ª Diocese do PEAC foi inaugurada a 13 de novembro de 2005 com a consagração e entronização de D. Georges Titre Ande como seu primeiro Bispo por Sua Graça Fidèle Dirokpa BalufUga. Esta diocese é o resultado da cisão da diocese de Boga.

Situada na antiga província de Orientale, no extremo nordeste da RDC, na fronteira com o Uganda, a diocese de Aru é essencialmente constituída por dois territórios administrativos: Aru e Mahagi.

3.4. Diocese de Kasai

MARCEL KAPINGA
2010 -

OLAHOYE ABIODUN & THERESA
2005 -2008

emeA inauguração da 9ª Diocese do PEAC, conhecida como Diocese de Kasai, teve lugar a 30 de janeiro de 2011 com a entronização de D. Marcel Kapinga Kayibabu no Stade Tshikisha em Mbuji-Mayi (Kasaï-Oriental), sob a presidência do Decano da Província , D . Zacharie

O bispo da diocese de Kindu, Dom Masimango Katanda, é assistido pelo bispo auxiliar da diocese de Kinshasa e pelo secretário provincial do PEAC, Dom Jean Molanga Botola. Esta diocese nasce da divisão da diocese de Kinshasa, após 28 anos de preparação pela sua diocese de origem, a de Bukavu.

^eA cerimónia de consagração de D. Marcel Kapinga teve lugar em Butembo, a 12 de dezembro de 2010, juntamente com D. Ise-Somo, bispo da diocese de Kivu do Norte.

Como já dissemos, nas suas origens, a Igreja Anglicana dos dois Kasais era formada por membros das seitas conhecidas como "Balondi Ba Yesu", um grupo de seitas cada uma com a sua própria doutrina, mas que ocasionalmente rezavam em conjunto.

Em 1977, na sequência da supressão pelo Estado de certas seitas sem personalidade civil, os "Balondi Ba Yesu" enviaram um dos seus membros, o antigo Honoré Kaseya Tshidinda, a Boga, sede histórica da Igreja Anglicana na RDC, então Zaire, para procurar documentos legais de reconhecimento e integração.

O Papa Honoré Kaseya obteve todos os documentos necessários do Venerável Festo Byakisaka Bomera, na altura Representante Legal Adjunto da Igreja Anglicana. O antigo Kaseya tornou-se assim o primeiro líder da Igreja Anglicana no Kasai Oriental, enquanto no Kasai Ocidental foi Kalala Dipa Dia Nzambi.

^{er}Em 1980, D. Ndahura Bezaleri, o primeiro bispo da diocese de Bukavu, da qual dependiam os dois Kasais, efectuou uma visita pastoral. Nessa altura, o Kasai Oriental era governado pelo antigo Kanyinda Lusangu e o Kasai Ocidental por Mudibua Tshiongo Wa Minanga.

Num esforço para equipar estas duas Igrejas com a verdadeira doutrina anglicana, foi decidido enviar candidatos a servos de Deus para estudarem lá para a sua formação: o Kasaï Oriental enviou Julien Ciakudia Kaseya e Casimir Mukendi Mpinga, e o Kasaï Ocidental enviou Mudibua Tshiongo Wa Minanga e Mukendi Mokoma. Foram ordenados diáconos em 1982 em Bukavu e regressaram às suas respectivas Províncias, exceto Julien Ciakudia, que o Bispo Ndahura tinha enviado para o Canadá para estudar teologia na universidade.

Em 1985, as duas províncias tornaram-se duas arquidioceses separadas. Kasai Oriental, sob a direção do Venerável Casimir Mukendi Mpinga, e Kasai Ocidental, sob a administração do Venerável Mudibua Tshiongo, falecido em 1998.

De 1998 a 2001, após a morte do Venerável Mudibua, a direção da igreja foi confiada a um Colégio constituído pelos Reverendos Kabasele Mudibua, Bandowe Shimba Yabo e Kabeya Ngoyi. Esta administração colegial foi chefiada por Kabeya Ngoyi, que foi arquidiácono interino de 2001 a 2003.

A partir desse ano, o Reverendo Kabeya Ngoyi foi nomeado Arquidiácono pelo Bispo Dirokpa Balufuga da Diocese de Bukavu. Continua a dirigir a Arquidiocese de Kananga.

No que diz respeito à Arquidiocese de Kasai Oriental, Casimir Mukendi Mpinga foi confirmado Arquidiácono em 1987. Em 1996, a Arquidiocese de Mbuji-Mayi deu origem à Arquidiocese de Kabinda, presidida pelo Venerável Ngoyi Lubilaji.

De 1977 a 2005, a Igreja Anglicana dos dois Kasais dependeu da Diocese de Bukavu, um período de 28 anos. Devido às dificuldades de transporte e de comunicação que se seguiram à guerra de agressão no Congo, o Sínodo Diocesano de Bukavutenu decidiu, em 2005, colocar os dois Kasais sob a jurisdição da nova Diocese de Kinshasa, sob o controlo direto de Sua Graça Fidèle Dirokpa Balufuga, que já tinha dado os primeiros passos com a Igreja Anglicana de Kinshasa.
preparação da futura diocese de Kasaï.

Em 2004, o bispo Dirokpa Balufuga encontrou-se com um missionário reformado, o reverendo Stuart Broughton e a sua esposa Cathryn, em Jersey (Ilhas Britânicas). Ele tinha-os interessado nos grandes preparativos para a nova diocese de Kasai e na necessidade da presença permanente de um missionário neste campo de evangelização.

Este casal não hesitou um só momento em oferecer-se para esta missão. Virão como missionários com o seu salário pessoal   ,   mas sob a   proteção   do CMS/Inglaterra para maior credibilidade. O casal estava baseado em Mbuji-Mayi e trabalhou para os dois Kasais durante dois anos. No desempenho da sua missão, a ênfase foi colocada no ensino bíblico e na formação para o ministério sagrado. Foi este casal que comprou o atual Bispado de Mbuji-Mayi. Depois da partida deste casal missionário, o bispo da diocese de Kinshasa pediu à CMS/Inglaterra que enviasse um novo missionário para continuar a preparação desta nova diocese. A diretora do CMS (Diana Witts) respondeu que a sua organização não tinha missionários para enviar para a RDC nessa altura. Em vez disso, aconselhou-nos a contactar a CMS na Nigéria. Contactámos então Sua Graça Peter Jaspar Akinola, o Arcebispo Primaz de toda a Nigéria. Este pedido foi rapidamente aceite e foi encontrado um missionário nigeriano com as competências necessárias e conhecimentos de francês, na pessoa do Reverendo OLAOYE Abiodun e da sua esposa Theresa. Foi consagrado bispo a 14 de outubro de 2005 na Christ Church Cathedral, Marina, Lagos, Nigéria, pelo Primaz da Província da Igreja Anglicana da Nigéria, Sua Graça Peter Jasper Akinola. As cerimónias contaram com a presença do Bispo de Kinshasa e de outros delegados de Kinshasa.

Foi enviado para a RDC como missionário e bispo auxiliar da diocese de Kinshasa, com residência em Mbuji-May, onde chegou a 22 de novembro de 2005. Acompanhado pela sua esposa Theresa, ocuparam-se da preparação espiritual e moral, bem como dos projectos de desenvolvimento autofinanciados. Deram uma esperança renovada ao futuro da diocese.

Com a chegada deste homem de Deus em novembro de 2005, a estrutura administrativa da Igreja pôde evoluir rapidamente. De 3 arquidiáconos, passou a 9, dos quais 5 em Kasaï Oriental e 4 em Kasaï Ocidental.

Durante os três anos que passaram em Kasai, este casal de missionários realizou um trabalho considerável: foram organizados seminários, cursos de atualização e conferências para servos de Deus e cristãos leigos, foi adquirido material de escritório e um veículo, e foram organizadas campanhas de evangelização.

Desde então, a Igreja de Kasaï sentiu-se pronta a receber a sua diocese, embora algumas condições ainda não estivessem preenchidas. Assim, foi decidido, durante o Sínodo Provincial realizado em Kinshasa de 10 a 17 de fevereiro de 2008, que a Diocese de Kasai seria inaugurada em novembro de 2008. As primeiras eleições tiveram lugar em maio de 2008. Mas devido a conflitos internos e lutas de liderança, foram canceladas e reorganizadas em outubro de 2008.

ererComo resultado destas eleições, o Venerável Marcel Kapinga Kayibabu foi eleito 1 Bispo Diocesano para os dois Kasais, e as eleições foram ratificadas pelo Colégio dos Bispos na sua reunião em Bunia a 1 de abril de 2010.

Ordenado para o ministério sagrado em 1998, Marcel Kapinga Kayibabu foi nomeado Deão e Arquidiácono interino de Kabinda em 2003. Foi confirmado Arquidiácono em 2007, substituindo o Venerável Ngoyi, falecido em 2006.

Sendo a história o estudo dos acontecimentos passados, seria ingrato terminar esta secção sem mencionar Honoré Kaseya Tshidinda, Léonard Kazadi Muana e Donatien Kanyinda Lusangu, estas grandes figuras cujo contributo foi decisivo para o estabelecimento e desenvolvimento da Igreja Anglicana em Kasaï. É claro que, para além destas grandes figuras, outras pessoas, através do seu auto-sacrifício e dedicação, evangelizaram não só o Kasai Oriental, mas também o Kasai Ocidental e a cidade da Província de Kinshasa (por exemplo, Honore Kaseya e outros).

Para que a diocese se desenvolva com serenidade, os seus pastores e seguidores devem banir todos os flagelos que os corroem e aceitar olhar na mesma direção, trabalhando nos três eixos seguintes da visão de desenvolvimento: evangelização, desenvolvimento, ensino e formação.

O primeiro Sínodo Diocesano realizou-se de 21 a 24 de julho de 2011. Tinha três pontos-chave na agenda: a revisão e adoção da Constituição Diocesana; o desenvolvimento e adoção do plano de ação; e a conceção, desenvolvimento e adoção do orçamento operacional diocesano.

3.5. Diocese de Kamango

SABITI TIBAFA Daniel
2016 -

Na altura de Apolo Kivebulaya, Kamango já era uma capela. A capela evoluiu e tornou-se uma paróquia anglicana em 1956.

A Diocese de Kamango é a décima da Igreja Anglicana do Congo. [er]Foi inaugurada a 31 de janeiro de 2016 com a consagração e entronização de Monsenhor Daniel Sabiti Tibafa, por Sua Graça Isingoma Kahwa Henri, como seu primeiro Bispo Diocesano. Esta Diocese foi criada pela cisão da Diocese de Kivu do Norte.

Na mesma data, 31 de janeiro de 2016, foi consagrado outro bispo em Kamango, D. Achille Sébastien Mutshindu, que será bispo auxiliar da diocese de Kinshasa.

MUKANIRWA KADORHO Désiré
2016 -

1.6. Diocese de Goma.

A nova diocese de Goma é o resultado de uma cisão na diocese de Bukavu. O sínodo eletivo extraordinário desta diocese, realizado em Bukavu de 28 a 29 de julho de 2016, elegeu 2 candidatos. O Sínodo Diocesano da Diocese de Bukavu tinha assim selecionado 2 candidatos a bispo para apresentar ao Colégio dos Bispos, para escolha por eleição, a saber: o Reverendo Désiré Mukanirwa Kadorho, com 51 votos e o Reverendo Birizeni, com 50 votos.

[e]Na sua reunião de 12 de setembro de 2016, em Kinshasa, o Colégio Episcopal elegeu o Reverendo Désiré Mukanirwa Kadorho como 1º Bispo da nova diocese de Goma. A sua consagração e entronização terão lugar a 20 de novembro de 2016 em Goma.

MOLANGA BOTOLA Jean
2016 -

1.7. Diocese missionária do Congo/Brazzaville.

A Igreja Anglicana da República do Congo, um dos Arquidiaconatos da Diocese de Kinshasa, recebeu a 07 de novembro de 2012, um Bispo Assistente Missionário, na pessoa do Bispo Molanga Botola Jean, anteriormente Secretário Provincial do PEAC e Bispo Assistente da Diocese de Kinshasa. No entanto, este Arquidiocese continuará a funcionar sob a supervisão da Diocese de Kinshasa.

O Sínodo Nacional da EAC, realizado em Bunia/Mwito em fevereiro de 2016, conferiu ao Arquidiocese do Congo/Brazzaville o estatuto de diocese missionária autónoma. D. Molanga Botola Jean foi confirmado Bispo Missionário para esta nova diocese autónoma, cuja data de inauguração será em breve fixada pelo Colégio dos Bispos da EAC. /

4. A Igreja Anglicana na República do Congo

Em 1997, a Igreja Anglicana foi oficialmente estabelecida na República do Congo pelo Venerável Banzouzi. Contudo, desde 1995, o Sr. Bansimba e Raymond Banzouzi, que eram evangelistas na altura, já tinham introduzido a Igreja Anglicana em Brazzaville. Logo que chegou a Brazzaville, o Venerável Banzouzi juntou-se ao seu irmão gémeo, David Bansimba, e a mais de 180 outras pessoas do norte e do sul de Brazzaville. A Igreja Anglicana iniciou assim as suas actividades em Brazzaville, no terreno de Bansimba, na Rua Ngambini nº 11, no bairro de Ngambio, em Mfilou-Brazzaville.

A Igreja Anglicana de Brazzaville recebeu a sua autorização de funcionamento do Ministério do Interior, da Segurança e da Administração do Território, em 20 de dezembro de 1998, sob o nº 208/MiSAT/DGAT/DOR/SAG, depois de ter apresentado a sua declaração, na qual os objectivos da Igreja estavam claramente definidos. Este documento foi concedido pelo   Ministério pelo facto

de	o Sr.	Bansimba ter	construído um escritório para a	Igreja	no	seu
terreno ,
que mostrou às autoridades estatais congolesas que a Igreja Anglicana era séria e tinha um endereço fixo em Brazzaville.

A Igreja Anglicana foi reforçada pela chegada maciça de refugiados ruandeses do Kivu Norte e do Kivu Sul. Estes refugiados tinham fugido do Ruanda em 1994 devido às atrocidades desencadeadas após a morte do Presidente do Ruanda, Juvénal Habyarimana, e tinham-se refugiado em várias localidades do Kivu (Goma e Bukavu). Em 1996, quando os campos de refugiados foram dispersos pelo Exército Patriótico Ruandês (RPA), auxiliado por soldados rebeldes congoleses, muitos refugiados tomaram a estrada de Kisangani, fugindo deste exército implacável. Alguns chegaram ao Congo Brazzaville em 1997 e a outros países vizinhos, como o Gabão, os Camarões e a República Centro-Africana.

Muitos destes refugiados eram anglicanos. Encontraram refúgio em Brazzaville e em toda a República do Congo. Como resultado, a Igreja Anglicana está a tornar-se uma igreja viva e madura no interior do país, onde várias paróquias estão agora abertas.

Em 1997, a Igreja Anglicana expandiu-se consideravelmente com a presença de refugiados anglicanos ruandeses, inicialmente baseados em Kintélé, a 25 km de Brazzaville. Nessa altura, Brazzaville era uma das arquidioceses da Diocese de Kisangani.

Em 1999, o Venerável Banzouzi conseguiu recuperar os cristãos do Sul que se tinham dispersado na sequência da guerra entre o Presidente Pascal Lissouba e o seu antecessor Denis Sassou Nguesso. Em 2000, encontraram um outro local de oração no bairro de Bwetambongo, em Moungali, e mais tarde, nesse mesmo ano, D. Isingoma, que se tinha deslocado a Brazzaville à procura de um visto, conheceu um dos ruandeses, Silas Munyaneza, que é atualmente um dos sacerdotes da Praia. Numa outra viagem a Brazzaville, D. Isingoma confirmou três pessoas na capela de Moungali em nome de Cristo Rei.

Em 2003, o Bispo Funga, acompanhado pelo Venerável Eisa, visitou Brazzaville e crismou mais de 10 pessoas em Kintélé. No centro de Brazzaville, a Igreja foi estabelecida em Latsieme nessa altura. Entretanto, a arquidiocese de Kinshasa, da qual dependia a Igreja Anglicana do Congo-Brazzaville, tornou-se ela própria uma diocese autónoma resultante da divisão da diocese de Kisangani. erO seu primeiro Bispo era D. Fidèle Dirokpa BalufUga, que era também Arcebispo do PEAC.

Após a inauguração da Diocese de Kinshasa a 20 de dezembro de 2003, a arquidiocese de Brazzaville tornou-se uma entidade administrativa sob a direção desta nova Diocese. No início de 2004, D. Dirokpa visitou a Igreja no Congo-Brazzaville com D. Molanga, Bispo Auxiliar de Kinshasa, e o Venerável Mvunzi, Arquidiácono de Kinshasa. A observação geral foi que, na arquidiocese de Brazzaville, havia um grave problema de divisão entre o arquidiácono e os cristãos da sua entidade, especialmente com os cristãos ruandeses, devido a uma má liderança impregnada de xenofobia.

O primeiro sínodo diocesano, realizado em Kinshasa de 21 a 28 de março de 2004, decidiu nomear outro responsável para dirigir esta arquidiocese. O Cónego Joseph Mabanza Ndaku (antigo Arquidiácono de Matadi) foi nomeado Arquidiácono de Brazzaville, substituindo o Venerável Raymond Banzouzi.

A sua primeira tarefa foi reconciliar as duas comunidades, ruandesa e congolesa, cuja coabitação se tinha tornado difícil devido a uma má liderança. Desta forma, teve de estabelecer um clima de compreensão e de paz na Igreja para que esta pudesse funcionar corretamente. Depois, teve de se ocupar do ensino para edificar a fé dos fiéis e da formação dos candidatos ao ministério.

Em 2006, a Diocese de Kinshasa enviou o Reverendo Mabaku a Brazzaville para ajudar o Arquidiácono local na formação de candidatos ao diaconado. Infelizmente, nenhum dos candidatos era congolês de Brazzaville.

A primeira ordenação no Congo-Brazzaville teve lugar a 7 de setembro de 2006. Nesta cerimónia, cinco pessoas foram ordenadas diáconos por D. Fidèle Dirokpa Balufuga, bispo da diocese de Kinshasa. Trata-se de Félicien Musabyimana, Joas Kanyampeta, Vincent de Paul Havugimana,

François Nkundineza e Boniface Mugemangango. Todos eles foram ordenados sacerdotes em 25 de novembro de 2008, em Brazzaville, por D. Jean Molanga Botola, Bispo Auxiliar da Diocese de Kinshasa.

A partir de agosto de 2009, a Diocese de Kinshasa passou a ter um novo Bispo, na sequência da aposentação de D. Fidèle Dirokpa BalufUga, a 9 de agosto de 2009. Foi substituído por D. Henri Isingoma Kahwa, que se tornou Arcebispo do PEAC e, ipso facto, Bispo da Diocese de Kinshasa.

A ordenação diaconal e sacerdotal, no mesmo dia, do primeiro congolês de Brazzaville, na pessoa do Reverendo Nimbi Emmanuel, teve lugar a 08 de julho de 2012 na cidade de Brazzaville. Brazzaville pelo Arcebispo Isingoma, no Palais du Congrès em Brazzaville. O Arcebispo estava acompanhado pelo seu Bispo Auxiliar, D. Jean Molanga, pelo Cónego Daniel Sabiti, pelo Reitor da UAC/Bunia, Venerável Kithoko, e pelo Diretor-Geral do ISTAS/Mahagi, a convite do candidato à ordenação, finalista do ISThA/Bunia.

Quanto ao Reverendo Silas Munyaneza , foi ordenado diácono em 12 de abril de 2015 , na Paroisse Saint Félix de Brazzaville por Sua Graça Henri Isingoma Kahwa.

Para nosso grande pesar, o Venerável Joseph Mabanza Ndaku, este valente pastor, morreu a 4 de outubro de 2012 em Kinshasa.

Após a morte do Venerável Mabanza, o Conselho Diocesano de Kinshasa, sob a presidência do Bispo Isingoma, fez novas nomeações na Igreja do Congo-Brazzaville. Jean Molanga Botola, Bispo Auxiliar da Diocese de Kinshasa, foi nomeado Bispo Missionário para o Congo-Brazzaville a 7 de novembro de 2012. O Reverendo Félicien Musabyimana foi nomeado Arquidiácono da EAC do Congo-Brazzaville a 5 de dezembro de 2012. A sua investidura teve lugar a 27 de abril de 2014, no jardim do Palácio de Congressos de Brazzaville, por D. Jean Molanga Botola, na presença de uma numerosa delegação da Diocese de Kinshasa, incluindo o Arcebispo Honorário, D. Fidèle Dirokpa Balufuga.

5. Formação universitária para teólogos anglicanos
5.1.   A nível de pós-graduação
A EAC formou licenciados em teologia no seu Institut Supérieur Théologique Anglican (ISTHA), criado por Sua Graça Ndahura Bezaleri em 1981 em Bukavu e depois transferido para Bunia em 1987, onde ainda funciona. Durante o mesmo período de tempo, outros anglicanos congoleses obtiveram o mesmo diploma noutros Institutos Superiores de Teologia, na República do Zaire e noutros locais.

5.2.   A nível de licenciatura
O Reverendo Ndahura Bezaleri foi o primeiro congolês anglicano a obter o grau de licenciado em teologia, em julho de 1974, na Faculté Protestante du Congo, em Kinshasa, após 78 anos de implantação de igrejas anglicanas no Congo. A sua dissertação intitulava-se: *Implantation de l'Église anglicane au Zaïre*.

Depois da licenciatura de Ndahura Bezaleri, a EAC enviou estudantes para várias instituições de ensino superior e universitário no país e no estrangeiro, para continuarem os seus estudos universitários; a maioria partiu para a formação teológica de que a EAC tão urgentemente necessitava para a eficácia do seu ministério. Atualmente, cada diocese da EAC tem um certo número de teólogos licenciados.

Mas há duas razões importantes para continuar a formar teólogos a nível de pós-graduação e licenciatura: a) elevar o nível dos quadros/servos de Deus para que a Igreja tenha um pessoal cada vez mais qualificado à medida que a população em geral se torna cada vez mais instruída. A Igreja não deve ficar para trás. Precisamos de graduados e licenciados que sirvam em todas as áreas da Igreja. b) Precisamos de formação contínua para graduados e licenciados, pois haverá sempre um certo número que deixará o serviço por motivo de doença, reforma, mudança de carreira, etc. A Igreja não deve ficar para trás.

5.3.   A nível de mestrado
Atualmente, a EAC tem três categorias de mestrados: a primeira categoria diz respeito ao

mestrado obtido na Faculdade Evangélica de Bangui (FATEB), cujos primeiros laureados foram Monsenhor Henri Isingoma Kahwa (em 1988), o Reverendo Martin Nguba em 1992 e o Reverendo Etienne Mbusa Bangau, em 1993. Depois destes vencedores, muitos outros estudantes defenderam as suas teses de mestrado na FATEB, que não tem um sistema de bacharelato. Após a licenciatura, os estudantes passam diretamente para o programa de mestrado de 3 anos. Segundo o sistema congolês de equivalência, este diploma é considerado como um bacharelato.

A segunda categoria é o mestrado obtido em institutos superiores e universidades do Congo ou de outros países, que prepara os estudantes para o doutoramento.

A terceira categoria é o DEA (Diplôme d'Etudes Approfondies). A EAC tem atualmente 3 executivos com qualificações MPh e MTh: D. Daniel Sabiti Tibafa, que obteve um MPhil (Master's in Philosophy) em teologia na Universidade de Birmingham, em Inglaterra, em 2004; o Venerável Christophe Kangamina Sabiti, que obteve um DEA (Diplôme d'Etudes Approfondies) em teologia na Universidade Shalom em Bunia, RDC, em 2016. E o Reverendo Mbusa Bangau, que obteve um Mphil do Oxford Centre for Mission em 2012.

5.4. A nível de doutoramento

A Igreja Anglicana do Congo produziu o seu primeiro Doutor em Teologia em 2001, após 105 anos de presença da Igreja Anglicana no Congo. A EAC tem atualmente 4 Doutores em Teologia anglicanos congoleses. Eles são :

- Bispo Fidèle Dirokpa Balufuga , o primeiro congolês de língua inglesa a obter um diploma

  Doutor em Teologia pela Universidade Laval, no Canadá, em 20 de abril de 2001.

  A sua tese intitula-se: *La liturgie anglicane et l'inculturation hier, aujourd'hui et demain : regard sur la célébration eucharistique en République Démocratique du Congo.* Tese de doutoramento em teologia, Université Laval, Québec-City, Canadá, 2001.

- ^eMons. Titre AndeGeorges , foi o segundo anglicano congolês a obter o doutoramento em

  em 2003, na Universidade de Birmingham, em Inglaterra.

  O título da sua tese é *Authority in the Anglican Church of Congo: The influence of Political Models of Authority and the Potential of "Life-Community", Ecclesiology for Good Governance,* Birmingham, University of Birmingham, 2003.

- ^eA terceira turma de doutoramento em teologia formou-se em 2012 na Université Protestante du Congo (UPC) em Kinshasa:

  - O Venerável Yossa Way, cuja tese se intitula *La Spiritualité de l'Eglise anglicane du Congo face aux défis contemporains,* tese de doutoramento em teologia, Faculté Protestante du Congo, UPC, Kinshasa, 2012.

  - O Reverendo Kahwa Njojo, cuja tese se intitula: *Jesus e a não-violência nos evangelhos sinópticos: Estudo exegético de Mt 5,38-48; Mc 11,15-17 ; Lc 23,34,* Tese de doutoramento em teologia, Kinshasa, UPC, 2012.

Encontram-se cópias de todas estas teses na Internet, na biblioteca da UAC em Bunia e nas bibliotecas das universidades que concederam estes diplomas ou noutros locais.

6. A criação da Universidade Anglicana do Congo (UAC)

A Igreja Anglicana do Congo, com alguns dos seus licenciados e doutores, decidiu transformar o Instituto Superior de Teologia Anglicana (ISThA) na Universidade Anglicana do Congo (UAC), com outras faculdades para além da teologia.

A Universidade Anglicana do Congo (UAC) foi criada em Bunia em 2010. Organiza os dois ciclos universitários e atribui o grau de bacharelato.

De facto, após 29 anos de existência do Institut Supérieur de Théologie Anglicane (ISThA), dedicado à formação de quadros em teologia a nível de pós-graduação, os dirigentes desta instituição tiveram a visão de formar quadros também noutros domínios. Assim, em 2010, o Conselho de Administração, presidido por Sua Graça Henri isingoma Kahwa, decidiu criar a Universidade Anglicana do Congo com novas faculdades que não existiam na região.

Eis as faculdades organizadas pela UAC e as razões da sua escolha:
1) O objetivo da Faculdade de Engenharia Civil é satisfazer as necessidades de construção da nova Província de Ituri, fornecendo-lhe engenheiros bem qualificados.
2) A Faculdade de Minas e Geologia, que tem por objetivo formar engenheiros capazes de prospetar e explorar os minerais que abundam na região.
3) A Faculdade de Psicologia e Ciências da Educação, que tem por objetivo formar especialistas em administração escolar.
4) A Faculdade de Desenvolvimento da Universidade assumiu o dever de formar técnicos de desenvolvimento para ajudar as nossas comunidades a desenvolverem-se utilizando os recursos ambientais.
5) A Faculdade de Teologia, antigo ISThA, que continua a formar para o ministério sagrado, desta vez sob o título de UAC, até ao grau de licenciatura.
6) A Faculdade de Petróleo e Gás, cujo objetivo é formar engenheiros que possam participar na exploração do petróleo do Lago Albert (Ituri), ou mesmo do Parque Virunga no Kivu e do gás metano do Lago Kivu.

O Instituto Superior Pan-Africano de Saúde Comunitária (ISPASC), que funcionava anteriormente de forma autónoma em Bunia, foi anexado à Universidade Anglicana do Congo (UAC) como Faculdade , tendo o seu Diretor , Amuda Baba , sido nomeado Secretário-Geral . Conselho Académico da UAC em fevereiro de 2016.

Em julho de 2016, o Sr. Amuda Baba foi nomeado Reitor da UAC pelo Colégio dos Bispos da EAC, que se reuniu em Kinshasa de 10 a 13 de julho de 2016. Substituiu o Venerável Dr. Yossa Way, que tinha sido Reitor interino desde o ano académico 20152016.

A primeira Comissão de Gestão da UAC, presidida pelo Reverendo Cónego Daniel Sabiti Tibafa, primeiro Reitor da universidade, foi responsável pela apresentação do pedido de autorização de funcionamento ao Ministro do Ensino Superior e Universitário (ESU), que respondeu favoravelmente ao pedido, assinando o Despacho n.º 911/MINESU/CABMIN/MML/PK/2011, de 11 de maio de 2001, que renomeia o Institut Supérieur Théologique Anglican (ISThA) como Université Anglicane du Congo (U AC).

Eis a lista dos sucessivos Diretores-Gerais e Reitores à frente do Instituto Teológico Anglicano (ISThA) e da Universidade Anglicana do Congo (UAC) (1981-2010)

Nã o	NOME e nome do posto	Período	Duraç ão	Observação
01	NDAHURA Bezaleri	1980-1981	1 ano	Bukavu
02	Dr. William BAILLY	1981-1984	3 anos	Bukavu
03	Jeremy Pemberton	1987-1988	1 ano	Bunia
04	Susan Braoddus	1989-1990	1 ano	Bunia
05	Isingoma KAWA Henri	1990-1996	5 anos	Bunia
06	Peter Wood	1996-1999	3 anos	Bunia
07	Título Ande Georges	1999-2000	1 ano	Bunia
08	Buyana Mulungula	2000-2001	1 ano	Bunia

09	Tite Ande Georges	2001-2007	6 anos de idade	Aru
10	Sabiti Tibafa Daniel	2007 até ao presente	9- anos	Bunia
11	Dr. Yossa Way interino	2015-2016	1 ano	Bunia
12	Sr. Amuda Baba	2016		Bunia

Para além da UAC, existem duas outras universidades anglicanas na Diocese do Kivu do Norte: a Université Anglicane Apolo Kivebulaya (UAAKi) em Butembo e a Université Anglicane en Afrique Centrale (UNAAC) em Beni, bem como o ISTM em Aru e o ISTAS em Mahagi.

7. A Igreja Anglicana do Congo nos debates internacionais sobre o anglicanismo

A Igreja Anglicana do Congo, agora equipada com líderes de alto nível, está a participar com confiança nos debates candentes da atualidade no seio da Comunhão Anglicana mundial, dos quais depende também o seu destino. As acções concretas para defender e conquistar a identidade anglicana no seio de uma grande comunhão predominantemente anglófona começaram em 1985. A reunião terá lugar através de vários encontros, colóquios, etc., organizados alternadamente para este fim em diferentes países do mundo.

7.1. O debate em torno do movimento afro-anglicano

O movimento afro-anglicano é um dos frutos do esforço de "desanglicanização" do anglicanismo. É um esforço para tirar o anglicanismo do cativeiro anglo-saxónico, particularmente em África.

A primeira reunião teve lugar em Barbados, África do Sul, em 1985, sob o tema: "*Afro-anglicanismo: Questões actuais, Tarefas futuras*". O objetivo era refletir em conjunto sobre o lugar e o papel que a Igreja Anglicana Africana deveria desempenhar no seio da Comunhão Anglicana, por um lado, e, por outro, o seu lugar e papel como mensageira da Boa Nova para a libertação deste continente de todas as estruturas desumanizadoras. Para este fim, os participantes deveriam discutir os desafios actuais que a África enfrenta e delinear perspectivas para o futuro.

Este primeiro encontro de anglicanos africanos foi o início de uma verdadeira consciência africana do papel que os africanos devem desempenhar para dar ao anglicanismo uma imagem africana.

Seguiu-se uma segunda reunião na Cidade do Cabo, África do Sul, em novembro de 1996, subordinada ao tema: "*Afro-Anglicanismo: Identidade, Integridade e Impacto na Década do Evangelismo*". Nessa ocasião, George Carey, então Arcebispo de Cantuária, afirmou: "Esta Conferência é um sinal significativo desse desenvolvimento (ou seja, 'a maravilhosa diversidade de que desfrutamos e também o espírito subjacente de amor mútuo que nos une'). O interesse crescente pela tradição africana no seio da Comunhão é um dos sinais mais notáveis e excitantes dos últimos trinta anos. O facto de vos terdes reunido, vindos de tantas partes do mundo, neste momento para celebrar as vossas raízes comuns e, espero, para vos desafiardes uns aos outros e a todos nós, com os vossos debates e as vossas resoluções, é muito encorajador"(l).

Tradução nossa: "Esta conferência é um sinal desse desenvolvimento, isto é, da maravilhosa diversidade em que nos regozijamos e também sublinha o espírito de amor mútuo que nos une. O interesse cada vez maior pela tradição africana no seio da Comunhão é um dos sinais mais notáveis e estimulantes dos últimos trinta anos. O facto de vos reunirdes de diferentes partes do mundo neste momento, para celebrar as nossas origens comuns e, espero, para vos desafiardes uns aos outros e a todos nós juntos nas vossas discussões e resoluções, é muito encorajador.

Por isso, há uma necessidade crescente de o anglicanismo ser assimilado pelos africanos. Os líderes anglicanos africanos reuniram-se na África do Sul para procurar formas e meios de forjar uma liturgia que utilizasse as expressões, os ritmos, os símbolos e os cânticos dos povos indígenas. Para John Pobee, este seria o ponto culminante da inculturação do anglicanismo fora da cultura anglo-saxónica. Ildit o seguinte: "Na minha opinião, este é talvez o aspeto mais importante para a inculturação do anglicanismo no contexto não anglo-saxónico, porque a maioria dos não anglos não é alfabetizada na língua e no idioma ingleses, e também porque o ritual é uma das pedras angulares da religião" (2).

Tradução nossa: "Do meu ponto de vista, este é talvez o aspeto mais importante para a inculturação do anglicanismo no contexto não inglês, porque a maioria das pessoas não inglesas são analfabetas na língua e nas expressões idiomáticas inglesas, e também porque o ritual é uma das pedras angulares da religião".

Nos últimos trinta anos, aproximadamente, os líderes anglicanos do continente negro tornaram-se cada vez mais conscientes da sua responsabilidade de serem ouvidos no seio da Comunhão Anglicana. Embora mantendo a identidade anglicana tradicional, o movimento do afro-anglicanismo está a juntar-se a outros movimentos de emancipação na procura de uma identidade para o anglicanismo africano.

Os sinais tangíveis incluem a tradução da Bíblia e a abundância de literatura nas línguas locais, a tomada em consideração dos aspectos culturais de cada povo, o desejo de levar a Boa Nova a todo o mundo (hoje, há negros que são bispos em certas dioceses anglicanas do Ocidente) e a promoção da teologia africana.

O objetivo é dar a conhecer à Igreja universal as actividades teológicas que estão atualmente a florescer na Igreja Africana. Como se pode ver, a preocupação do Afro-Anglicanismo não é lutar com as suas raízes, mas antes procurar formas e meios de estabelecer um novo paradigma que possa agradar a todos os membros da Comunhão Anglicana.

7.2.   Um lugar para o mundo francófono na Comunhão Anglicana

Para assinalar a sua presença no seio da Comunhão Anglicana e para defender os direitos dos anglicanos   de língua francesa,   o Conselho Executivo das   Igrejas da Comunhão anglicane d'expression française foi criada em 1996.

Foi uma luta pelo reconhecimento da "francofonia" no seio da Comunhão Anglicana e a criação da Association Internationale Rencontres, cuja figura de proa, o Reverendo Cónego Jacques Bossière, facilitou muito a luta.

A associação Rencontres foi fundada em 1985 pelo Cónego Jacques Bossière, um padre episcopal nascido em França. Constatando o estado de abandono cultural das igrejas anglicanas francófonas, particularmente em África (cerca de 3 milhões de cristãos anglicanos em todo o mundo são francófonos), o Cónego Bossière fundou esta associação enquanto lutava pelo reconhecimento do francês nos organismos oficiais da Comunhão Anglicana.

A " Rencontres International " é uma associação   internacional   privada e uma organização sem fins lucrativos   .

Organização não governamental (ONG) em concertação com as Nações Unidas. Permitiu que os responsáveis das Igrejas francófonas da Comunhão Anglicana se reunissem em várias ocasiões e criassem uma vasta gama de iniciativas de formação, educação teológica, tradução, equipamento e ajuda mútua. As consultas com os anglicanos francófonos prosseguem numa base regular, mudando o local de encontro de país para país.

Os delegados da Igreja Anglicana do Congo participaram ativamente em todas as reuniões e alguns deles ocuparam mesmo cargos de grande responsabilidade nesta organização anglicana francófona. É o caso do Bispo Henri Isingoma Kahwa e do Bispo Zacharie Masimango Katanda, atual Vice-Presidente da Rede Francófona, cujo Presidente é o Bispo Pierre Wallon da Catedral Americana de Paris, em França.

A primeira Conferência Internacional sobre o Anglicanismo Francófono teve lugar de 12 a 17 de março de 1996 em Limuru, no Quénia (ver Actas do Colóquio de Limuru (Quénia), que reuniu, pela primeira vez, representantes de todos os países francófonos onde o Anglicanismo está ativo e a organização do Conselho Executivo do mundo francófono no seio da Comunhão Anglicana.

O objetivo deste primeiro encontro era fazer o ponto da situação da população anglicana francófona no mundo (cerca de três milhões e cerca de quarenta bispos) e, sobretudo, assegurar, entre as dioceses e as comunidades de todos os países, uma ligação viva, uma renovação da confiança e uma nova dinâmica de trabalho e de progresso. Foi também durante este encontro que foi criado o *"Conselho Executivo da Francofonia Anglicana"*.

O segundo colóquio internacional sobre o anglicanismo francófono realizou-se a 16 e 17 de julho de 1998, em Cantuária, Inglaterra. Esta conferência tinha reunido cerca de quarenta bispos que tinham vindo para a Conferência de Lambeth em 1998, que começou dois dias depois deste Colóquio organizado pelo Conselho Executivo para o Anglicanismo Francófono no seio da Comunhão Anglicana (ver Actas do Colóquio em Cantuária, Grã-Bretanha.

Outras conferências foram realizadas em Paris sobre o tema da reconciliação (em 2000), na Maurícia (em 2003) e em Montreal, no Canadá (em 2005).

Mas a luta pelo reconhecimento da presença de   mais de 3 a   4   milhões de
A reunião do Conselho Consultivo Anglicano (ACC-12), realizada em Hong Kong, de 14 a 25 de junho, foi o único evento que teve lugar até agora.   Reunião   *do   Conselho Consultivo   Anglicano* (ACC-12   ), realizada em Hong Kong de   14   a   25 de junho.

setembro de 2002, que reconheceu, na sua resolução n°17, a realidade da Francofonia Anglicana, ao incluir o *Conselho Executivo da Francofonia*, como uma "Rede Francófona", entre os seus órgãos de trabalho. Foi a caminho desta reunião de Hong Kong que o Reverendo Basimaki, um padre da Diocese de Boga/DRC, então membro do ACC-12, foi assassinado em setembro de 2002   , na aldeia de Kyabwohe, nos arredores de Bogas, na estrada para Hong Kong.
Uganda.

As igrejas membros desta francofonia são
- A Província do Oceano Índico (Maurícia, Seicheles, Reunião e Madagáscar);
- A província do Burundi ;
- A Província do Ruanda ;
- Província do Congo (Congo/Kinshasa e Congo/Brazzaville);
- A Igreja na Guiné/Conacri
- As paróquias francófonas da Província Ocidental (Camarões) ;
- A Igreja do Haiti e as paróquias haitianas nos EUA ;
- Os decanos francófonos da Igreja Anglicana do Canadá ;
- As comunidades francófonas da França continental e várias   missões em
  em todo o mundo.

Há países onde a língua francesa é utilizada para a comunicação, mas onde a Igreja Anglicana é predominantemente ou predominantemente inglesa (por exemplo, Canadá, Haiti, as ilhas do Oceano Índico e alguns países da África Ocidental, como a Guiné/Conacri, Camarões, etc.). Noutros países, as dioceses anglicanas dependem simplesmente de outras províncias de língua inglesa. É o caso do Haiti, que depende dos Estados Unidos, ou do Canadá, que é de língua inglesa do ponto de vista da Igreja Anglicana.

Note-se que, apesar da vocação francófona das províncias da África Central, o francês não é a língua principal do culto, que é celebrado mais nas línguas locais, de acordo com as exigências da Igreja Anglicana. O mesmo se passa nas antigas colónias britânicas, onde as línguas locais são mais utilizadas.

A posição minoritária destas províncias francófonas da África Central no seio da Comunhão Anglicana foi muito prejudicial. Todos os documentos importantes da Igreja, as instruções, as actas das grandes reuniões, como a Conferência de Lambeth ou o Conselho Consultivo Anglicano, e mesmo todos os livros sobre a teologia anglicana, a história do anglicanismo, a liturgia e outra documentação útil, estão todos escritos em inglês. Os francófonos, que não sabem nada de inglês, estão portanto privados destas riquezas intelectuais e espirituais. Todas as boas escolas anglicanas de formação missionária nas antigas colónias britânicas e no Ocidente utilizam também o inglês e os francófonos não têm acesso a elas. São assim prejudicados pelo fator língua.

Durante a Conferência de Lambeth de 1998, a língua francesa foi utilizada informalmente no plenário dessa reunião. O tom foi dado por Sua Graça Michael Peers, Arcebispo Primaz do Canadá, que, por sua vez, conduziu os debates em francês. Os francófonos puderam fazer as suas perguntas em francês, embora os não francófonos tenham sido convidados a colocar os auscultadores nos ouvidos. Este facto foi benéfico para os bispos do Zaire, que não dominam bem o inglês, e também para os de outros países francófonos. Os francófonos pediram e obtiveram traduções para francês de todas as actas das reuniões, livros e outros documentos importantes da Comunhão Anglicana. E, pela primeira vez, foi assegurada a interpretação simultânea em suaíli (para as esposas), espanhol e japonês.

8. A integração da comunidade anglicana nigeriana em Kinshasa na EAC

O primeiro serviço religioso em inglês na paróquia da catedral de Saint Pierre em Kinshasa teve lugar a 13 de junho de 2010.

A 20 de maio de 2010, Echezona Chukwuka Mbadugha (um catequista nigeriano) convocou uma reunião de anglicanos nigerianos que viviam em Kinshasa e comunicou-lhes a sua intenção de fundar uma igreja anglicana em Kinshasa, pois considerava que esta comunidade não funcionava na cidade. Como protestantes, decidiram pedir à Catedral do Centenário Protestante instalações numa escola para iniciar o seu serviço anglicano anglófono.

No domingo, 23 de maio de 2010, uma delegação de 4 pessoas visitou a Catedral Centenária. Depois da cerimónia, falaram com o pastor que dirigiu a cerimónia, que lhes pediu para voltarem na terça-feira, 25 de maio de 2010, data da reunião de pastores. A delegação devia regressar no sábado, 29 de maio de 2010, pois estava prevista uma nova reunião de pastores para sexta-feira.

No sábado, a delegação nigeriana regressou de facto e o pastor responsável informou-os de que havia uma igreja anglicana em Kinshasa e deu-lhes o endereço. A delegação dirigiu-se imediatamente para o endereço. Aí encontraram o evangelista Israël Kibonge, que os aconselhou a encontrarem-se com o bispo Jean Botola Molanga no domingo, 30 de maio de 2010.

Depois desta cerimónia comemorativa dedicada à vida e à obra de Apolo Kivebulaya, a delegação nigeriana encontrou-se com o Bispo, que ficou encantado com a sua presença. O Bispo Jean Botola Molanga disse-lhes que a Igreja Anglicana da Nigéria é uma grande igreja e que deve haver certamente muitos anglicanos nigerianos entre os comerciantes estrangeiros em Kinshasa. "Também andávamos à vossa procura, mas infelizmente não sabíamos a quem perguntar", acrescentou.

Durante o encontro de 3 de junho de 2010, o evangelista Echezona anunciou aos anglicanos nigerianos a notícia da descoberta da Igreja Anglicana de Kinshasa, que estava pronta a acolhê-los no seu seio, para grande alegria de todos. Cerca de 30 pessoas participaram no encontro, durante o qual se aperceberam que a igreja precisava de um sintetizador e de uma iluminação adequada para o culto. Fizeram uma contribuição voluntária e os instrumentos ficaram disponíveis para o domingo seguinte.

Foi nesta atmosfera que a Comunidade Anglicana Nigeriana celebrou o seu primeiro culto em inglês, a 13 de junho de 2010, na Catedral de São Pedro, em Kinshasa. De 30 pessoas presentes no primeiro dia, a assistência rapidamente atingiu uma média de 220 membros em cada domingo. A comunidade é parte integrante da Igreja Anglicana do Congo.

É também de referir que foi a visibilidade da Igreja Anglicana do Congo em Kinshasa, a partir de 2004, que tornou possível este reencontro.

O Evangelista Echezona Chukwuka Mbadugha foi ordenado diácono a 8 de dezembro de 2013, por Sua Graça Katty, na Catedral de São Paulo em Port Hacourt, Estado de Rivers, Nigéria. A 3 de agosto de 2014, foi ordenado sacerdote na Catedral de São Pedro em Kinshasa (RDC) por Sua Graça Henri Kahwa Isingoma. Servirá na Paróquia da Catedral de Kinshasa no culto de língua inglesa e na supervisão da Comunidade Anglicana Nigeriana de Kinshasa.

Mas as actividades desta comunidade são também evidentes nas outras paróquias Lingalaphone de Kinshasa.

Eis algumas realizações notáveis da comunidade anglicana nigeriana em Kinshasa no desenvolvimento da Igreja Anglicana do Congo em Kinshasa, sob a liderança dinâmica do Reverendo Echezona:

- Conclusão das obras do edifício da administração provincial e da a igreja anglicana na comuna de Kalamu;
- Construção de uma igreja em Bibwa, na comuna de N'sele, Kinshasa;

- Implantação de uma igreja em Brazzaville, República do Congo;
- Compra de um autocarro para a Igreja ;
- Contribuição substancial para a aquisição de um novo terreno na comuna de Ngiri-Ngiri, para a construção de uma igreja e dos seus anexos, para a diocese de Kinshasa;
- Organização de uma campanha de evangelização em Matadi, na província do Kongo Central.
- Participação ocasional em todas as actividades da Igreja, a pedido das autoridades hierárquicas ou espontaneamente.

A chegada da comunidade anglicana nigeriana foi uma grande lufada de ar fresco para a Diocese de Kinshasa.

9. Contribuição dos proponentes , igrejas estrangeiras e parceiros para a desenvolvimento da Igreja Anglicana do Congo

A contribuição e o contributo dos missionários expatriados e dos parceiros na revitalização e no desenvolvimento das obras evangélicas da Igreja Anglicana do Congo, nos vários domínios, é muito apreciável.

9.1. Sociedades missionárias

9.1.1. A Sociedade Missionária da Igreja (CMS) em Inglaterra

O trabalho da Church Missionary Society of England (CMS) na Igreja Anglicana do Congo é notável. De facto, a CMS da Grã-Bretanha tem sido o principal parceiro da Igreja Anglicana do Congo desde que esta foi estabelecida em Mboga, em 1894, por missionários ugandeses. Foi sob a égide e a responsabilidade da CMS que esta Igreja chegou à República Democrática do Congo, vinda do Uganda, que por sua vez estava sob a supervisão da Igreja de Inglaterra.

Já dissemos que a CMS é uma antiga sociedade missionária fundada em 1799 em Londres. Foi a primeira a enviar missionários para o Uganda, a pedido de Henry Morton Stanley, em 1875. O primeiro destacamento de missionários da CMS chegou ao Uganda a 30 de junho de 1877. Foram estes missionários da CMS que supervisionaram a igreja nascente em Mboga, no Congo. No tempo de Apolo Kivebulaya, iam frequentemente a Mboga para administrar os sacramentos (Batismo e Confirmação) e outros actos pastorais. Após a morte de Apolo em 1933, instalaram-se no local da missão em Mboga de 1933 a 1960, gerindo assim a Igreja com a ajuda da Diocese de Ruwenzori no Uganda, da qual dependia esta entidade eclesiástica de Mboga. Desde 1896 até à independência do Congo em 1960, a Igreja Anglicana do Congo esteve sob a supervisão da CMS.

Só depois da independência é que a CMS entregou o bastão de comando e a responsabilidade pela gestão da Igreja aos dirigentes congoleses, em janeiro de 1967. Apesar de muitos missionários terem regressado a Inglaterra após a adesão do Congo à soberania nacional e internacional, a CMS não abandonou a Igreja Anglicana do Congo, na qual ainda desempenha, em certa medida, o papel de *aima mater*.

Embora a Igreja assine frequentemente contratos de assistência com certas sociedades ou organizações missionárias , por um período de tempo fixo , renovável ou não, é importante lembrar que devem ser cumpridas as seguintes condições. Não existe um contrato de duração limitada entre a Igreja Anglicana do Congo e a CMS/Inglaterra.

A parceria entre a Igreja Anglicana do Congo e a CMS consiste, em primeiro lugar, em apresentar a Deus as necessidades de evangelização no campo de missão, rezando uns pelos outros. Em segundo lugar, a CMS continua a procurar e a enviar missionários com diversas competências, de acordo com as necessidades e a procura de cada diocese da Igreja Anglicana do Congo. No entanto, o seu número foi consideravelmente reduzido após os anos da independência congolesa, por duas razões: por um lado, a EAC, tendo já formado muitos membros do seu pessoal com competências aceitáveis, foi capaz de gerir ou conduzir certos assuntos da Igreja por si própria. Por outro lado, o CMS está atualmente a sentir uma grande dificuldade em encontrar missionários, porque a vocação para a missão é ainda bastante forte, mas a disponibilidade de pessoas que falam francês ou que estão dispostas a aprender a língua diminuiu.

A língua francesa é um grande desafio e, por vezes, um grande obstáculo para os falantes de inglês, porque aprender uma língua exige um investimento considerável de tempo, esforço e recursos. Por isso, a CMS prefere intervir, na medida das suas possibilidades, no reforço das competências locais, dando-lhes apoio e as ajudas materiais ou financeiras necessárias, que possam facilitar o seu ministério e outras iniciativas ou projectos para o desenvolvimento da Igreja e da Comunidade local: bolsas para estudos no país ou no estrangeiro, apoio material e financeiro para escolas bíblicas, seminários de formação ou de atualização, encontros e realização de algumas reuniões diocesanas ou provinciais importantes, apoio à administração da Igreja, facilidades de viagem, etc.

É de notar que o CMS/Inglaterra trabalha em vários países de África, Ásia, América do Sul, etc. e não pode suportar sozinho este fardo para a Igreja na RDC e no Congo-Brazzaville. Para além do muito apreciado apoio e assistência do CMS/Inglaterra, a Igreja Anglicana do Congo também beneficia do apoio de outras sociedades missionárias, igrejas, organizações, etc.

9.1.2. A Sociedade Missionária da Igreja da Austrália

A história do desenvolvimento da relação entre a Sociedade Missionária da Igreja/Austrália e a Igreja Anglicana do Zaire remonta a 1983, quando o Reverendo Peter Dawson, Secretário do Pessoal Missionário da Sociedade Missionária da Igreja da Austrália, se encontrou por acaso com o Bispo Dirokpa BalufUga da Diocese de Bukavu no Zaire, na Casa de Hóspedes CPK em Nairobi, Quénia. Durante o encontro, o Bispo Dirokpa pediu que fossem enviados missionários para o Zaire, onde as necessidades eram tão grandes e a Igreja estava em dificuldades.

Quando regressou à Austrália, o Reverendo Dawson transmitiu este pedido de missionários à WCSA, que achou por bem obter mais informações, por exemplo: onde se poderiam encontrar os missionários, o que fariam, como seriam alojados, etc.

Em outubro de 1984, o Reverendo Dawson visitou o Zaire com o Sr. Ross Hall (missionário da CMSA na Tanzânia). Ficaram em Bukavu durante uma semana e visitaram igrejas, escolas e dispensários. Depois viajaram para Boga onde passaram quatro dias.

Como resultado da informação recolhida, foi decidido avançar e procurar recrutas. Peter preparou uma apresentação audiovisual para ser exibida nas Escolas de verão da CMS em toda a Austrália em janeiro de 1985. A apresentação envolveu uma equipa de professores de Bíblia e outros profissionais, tais como médicos, construtores, professores, etc., todos eles envolvidos no projeto.

Em meados de 1985, foi efectuada uma segunda visita por Ross Hall e pelo Reverendo Dr. Canon Alan Cole, Secretário Federal da WCSA. Visitaram Bukavu e depois viajaram por estrada para Boga, via Goma e Butembo.

Peter Dawson fez uma terceira visita preparatória em setembro de 1986, viajando primeiro para Boga e depois, com Pat Nickson, por estrada para Bukavu via Butembo, Rutshuru e Goma.

Os primeiros missionários da WCSA a chegar ao Zaire foram David e Prudence Boyd, com a sua filha Emily (de dois anos), em Bukavu, a 10 de dezembro de 1986.

Podemos, portanto, dizer que a parceria da Igreja Anglicana do Congo com a *Church Missionary Society/Austrália* remonta a 1983, mas as actividades missionárias propriamente ditas começaram em 1986.

O Quadro 3 do Apêndice apresenta os nomes de todos os missionários australianos que trabalharam na Igreja Anglicana do Congo, a sua profissão e local de trabalho, bem como o ano de chegada e de regresso de cada um deles à Austrália.

Um grande número de missionários CMSA veio para a diocese de Bukavu entre 1986 e 1996 e, *ipso facto*, as dioceses de Kivu do Norte e de Kindu beneficiaram deles, uma vez que eram, na altura, arquidioceses da diocese de Bukavu.

Eis o testemunho do Sr. Ross Hall, enviado em 20 de março de 2016, ao Reverendo David Boys, missionário da CMSA em Bukavu:

"Durante os quinze anos em que fui Secretário do Pessoal Missionário da CMSA, durante os quais visitei mais de 20 países e me encontrei com muitos bispos, outros líderes, diretores de instituições, etc., descobri que o Bispo Dirokpa era o mais hospitaleiro e o mais bem organizado de todos. O Bispo Dirokpa foi o mais hospitaleiro e o mais bem organizado de todos. Gostaria que o

Bispo Dirokpa soubesse disso". Cumprimentos, Ross.

[Nos quinze anos em que fui Secretário do Pessoal Missionário da CMSA, durante os quais viajei por mais de 20 países e me encontrei com muitos bispos, outros líderes religiosos, diretores de instituições, etc., descobri que o Bispo Dirokpa era o mais acolhedor e bem organizado de todos. O Bispo Dirokpa foi o mais acolhedor e o mais bem organizado de todos. Gostaria que o Bispo Dirokpa soubesse disto].

9.1.3. A Sociedade Missionária da Igreja da Irlanda (CMSI)

Esta Sociedade missionária enviou um casal de missionários para a diocese de Bukavu em 1991. Eram os Reverendos Georges e Anne Pitt, acompanhados pelo seu filho Luc. Construíram duas escolas bíblicas em materiais semi-duráveis, uma em Kiwanza/Rutshuru (Kivu Norte) e outra em Bangwe/Uvira (Kivu Sul), cada uma com salas de aula, um dormitório para os alunos e alojamento para o Diretor. O Reverendo Georges Pitt era ele próprio o Diretor da Escola Bíblica de Kiwanza e ensinava, com a sua mulher Anne, no mesmo estabelecimento. Ao mesmo tempo, supervisionava também o ensino da Bíblia na Escola Bíblica de Bangwe e respondia perante o Bispo da Diocese de Bukavu. O casal George e Anne Pitt cumpriu brilhantemente a sua missão na diocese de Bukavu durante os três anos do seu contrato.

O CMSI também interveio muitas vezes numa base ad hoc, a pedido do bispo diocesano. No entanto, o nível de intervenção não é comparável ao do CMS/Inglaterra ou do CMSA.

9.1.4. Ministério da África Central (MAM) ou Missão do Ruanda

O Mid-Africa Ministry é uma sociedade missionária criada em Inglaterra com o objetivo de ajudar a Igreja Anglicana do Ruanda e do Burundi nas suas necessidades de evangelização. Por esta razão, aquando da sua fundação, chamava-se "Rwanda Mission". No entanto, quando a Província do Burundi, Ruanda e Zaire (PRBZ) foi criada em 1980, os Bispos do Ruanda, em particular, e os do Burundi, revoltaram-se contra este nome, que enfatizava o nome do seu país, como se a Missão do Ruanda por si só satisfizesse todas as suas necessidades ministeriais. Consideraram que este nome era prejudicial à sua missão porque, na sua opinião, devido a este nome, que caracterizava ou categorizava a assistência ou a ajuda apenas para a Igreja do Ruanda, os outros parceiros já não os apoiavam como deviam, uma vez que para todos os projectos provenientes das Igrejas destes dois países, eles remetiam sempre para a Missão do Ruanda.

A Missão do Ruanda foi assim obrigada a abandonar este nome. Os diretores desta sociedade missionária deram-lhe o nome de "Mid-Africa Ministry" (MAM). A partir de então, esta Sociedade não se ocupou apenas do Ruanda e do Burundi, mas trabalhou também no sudoeste do Uganda e na RDC, onde tinha enviado duas missionárias para Boga: a senhora Pat Clay e a doutora Charlotte Plieth. A partir daí, teve muito pouco impacto nos campos de missão, pelo menos na Igreja Anglicana do Congo.

9.1.5. Associação da Igreja do Congo (CCA)

A Congo Church Association (CCA) não é uma sociedade missionária como as suas antecessoras, mas uma organização ou associação de homens de boa vontade criada para apoiar a Igreja Anglicana do Congo na sua missão evangelizadora.

A Associação da Igreja do Congo foi fundada pelo Bispo Philip Ridsdale, o primeiro Bispo da Diocese de Boga, imediatamente após a sua reforma na década de 1980. Ele continuava preocupado com a situação alarmante de pobreza na Igreja Anglicana, com as suas enormes necessidades, não só materiais ou financeiras, mas também em termos de recursos humanos, ou seja, a preparação de pessoal com uma boa formação intelectual, moral e espiritual, com o objetivo de apoiar a Igreja na sua rápida expansão para os grandes centros e cidades do país, para uma evangelização holística.

O Bispo Philip Ridsdale sabia que a Igreja no Uganda também tinha a sua própria organização, a Associação da Igreja do Uganda, no Reino Unido, por isso quis proporcionar à EAC uma organização semelhante na RDC, com os objectivos específicos de promover a religião cristã e aliviar a pobreza entre o clero e as suas famílias. A CCA deveria fornecer informações sobre a Igreja na RDC e encorajar outras pessoas a rezar pela Igreja Anglicana no Congo. Também se preocupou em providenciar fundos para uma pensão modesta para o clero da EAC no final das suas carreiras ministeriais. O CCA também se propôs o objetivo de procurar fundos para as necessidades específicas da EAC e, mais especificamente, para o Institut Supérieur Théologique Anglican (ISThA), atualmente a Université Anglicane du Congo (UAC), etc.

O próprio CCA é alimentado por várias fontes de apoio de indivíduos e de uma série de organizações. O CCA deu a cada diocese a oportunidade de visitar o seu parceiro de Jersey em 1998 e 2008, para estabelecer um melhor programa de colaboração e assistência. Devemos também mencionar aqui os Velhos Católicos na Holanda e na Suíça, a Igreja Episcopal nos Estados Unidos e vários indivíduos na Grã-Bretanha e nos Estados Unidos que têm algumas ligações com a RDC. Mons. Philip deslocou-se aos Estados Unidos em mais de uma ocasião, por vezes acompanhado pelo Reverendo Cónego Bill Norman, para angariar fundos.

Para além do   CCA , D. Philip Risdale queria também cancelar o acordo CMS/Inglaterra

A CCA não se limitou a cumprir a sua pesada tarefa de assistência, cuja principal preocupação será, doravante, enviar missionários, apoiá-los no campo de missão e fornecer algumas bolsas de formação. O CCA quis ajudar as dioceses em crescimento da EAC e responder às suas necessidades específicas.

A par do CCA, temos de felicitar o enorme trabalho do Reverendo Cónego William (Bill) Norman, na qualidade de Comissário Geral da Igreja Anglicana do Congo em Inglaterra, que trabalhou em estreita colaboração com o comité do CCA. Juntos, conseguimos gerir muito bem os fundos angariados e distribuí-los judiciosamente pelas dioceses da RDC, de acordo com as necessidades apresentadas. O Reverendo Cónego Bill Norman desempenhou este papel delicado com o coração de um bom pai desde 1993 até à sua reforma em 2011.

Michael Scott-Joynt, Bispo de Winchester e patrono do CCA, à Igreja Anglicana no Congo: a sua amizade e o seu apoio espiritual e pastoral aos líderes da EAC, bem como a sua considerável ação na Câmara dos Lordes (Parlamento britânico), onde chamou frequentemente a atenção do Governo para as atrocidades e injustiças cometidas durante os anos de guerra na RDC.

Eis as principais figuras que dirigiram e geriram esta organização desde a sua criação até aos dias de hoje:
- **Presidente do Comité CCA** :
  • Monsenhor Philip Ridsdale 1980-1997
  • Reverendo Cónego Jeremy Pemberton 1997-2007
  • Judy Rous 2007 até à data...
- **Patrocinador da CCA** :
  • Bispo Leslie Brown 1987-2000
  • Bispo Philip Ridsdale 1997-2000
  • D. Michael Scott-Joynt, Bispo de Winchester, 2000-2014
  • Diácona Lucy Ridsdale 2002-2011
  • O Reverendíssimo David Williams, Bispo de Basingstoke na Diocese de Winchester, 2016.

9.1.6. Igrejas no estrangeiro, Igrejas e organizações africanas

Para além do apoio prestado pelas sociedades missionárias e pela *Associação da Igreja do Congo*, a Igreja Anglicana do Congo beneficia também da contribuição e do apoio de outras Igrejas do Ocidente, da América e de África, para o estabelecimento e a consolidação de obras evangélicas e para o desenvolvimento da Igreja e do seu povo em diversos domínios: apoio material e financeiro, bolsas de estudo, construção, envio de missionários, facilitação de grandes encontros ou reuniões da Igreja através da intervenção financeira em despesas de viagem e de organização, financiamento de projectos iniciados pela Igreja para si própria ou a favor da população, fundos discricionários, catástrofes naturais e emergências, etc.

Entre estas igrejas e organizações figuram: a Igreja Episcopal nos Estados Unidos e no Canadá, o Gabinete do Arcebispo de Cantuária, as igrejas anglicanas do Uganda, do Quénia, da Tanzânia e da Nigéria, que enviaram missionários para a RDC, etc., bem como certas organizações eclesiásticas: Trinity Church Grant (Ecusa), Episcopal Relief and Development (ERD), Anglican Relief and Development Fund (ARDF)/USA, Etre Partners, a Igreja Anglicana do Uganda, do

Quénia, da Tanzânia e da Nigéria, que enviaram missionários para a RDC, bem como algumas organizações da Igreja: Trinity Church Grant (Ecusa), Episcopal Relief and Development (ERD), Anglican Relief and Development Fund (ARDF)/USA, Etre Partenaires, TearFund, Christian Aid, etc.

Se olharmos para a lista dos parceiros e para os seus domínios de intervenção, muitos pensarão que a EAC tem muitas opções na sua missão de evangelização e desenvolvimento. É um facto, mas, no terreno, o campo de ação é muito vasto e os esforços parecem dispersos. Por conseguinte, o impacto das ajudas e dos apoios só se faz sentir aqui e ali. A Igreja ainda não saiu da zona de pobreza. Continua a ser necessitada, mas houve uma clara melhoria e progresso, embora lento mas decisivo. Com sinceros agradecimentos, a EAC espera que esta parceria na missão continue.

9.1.7. Empresários cristãos

A Igreja Anglicana do Congo beneficiou também da contribuição e do apoio de alguns empresários cristãos de boa vontade, que não hesitaram em colocar uma parte dos seus bens à disposição da Igreja. Eis apenas alguns exemplos.

Um lugar especial deve ser reservado à família do Sr. *Philp Betts* e da sua esposa *Deborah*, um homem de negócios cristão de origem britânica, atualmente sediado em Kampala, no Uganda, cuja contribuição é notável nas Dioceses de Bukavu, Kivu do Norte e Kindu. Anteriormente, viviam em Goma.

A igreja paroquial de São Paulo em Goma foi construída durante o tempo do Reverendo Munzenda e do Sr. Josias Nkusi, que supervisionou os trabalhos. A família Betts deu um contributo significativo para a obra.

A construção do Instituto Ndahura em Goma. Isto foi possível graças à contribuição de Edm Schluter & Co, a empresa-mãe da Esco Kivu, que cedeu o terreno. Em 1993, o Reverendo Masimango construiu a escola com o apoio de um comité constituído por Philip Betts, Malcolm Richards e Josias Nkusi. A primeira fase das obras custou 25.750 dólares e a segunda fase foi orçamentada em 24.560 dólares. Os contribuintes incluíram o Maranatha Trust (Reino Unido), Philip e Deborah Betts, a Associação da Igreja do Zaire, Malcolm Richard, Jeremy e Jill Lawson, vários outros ingleses e contribuições locais. Foi recebido um outro donativo de 8.700 dólares do Maranatha Trust para a reabilitação do Instituto Ndahura em junho de 2009.

De referir ainda que, durante a erupção do vulcão Nyiragongo em 2002, a família Betts recebeu vários donativos de Inglaterra, incluindo alimentos, vestuário, lonas, cobertores, etc., que entregaram ao Reverendo Assumani Kirunga para distribuição.

Construção da casa do Arquidiácono em Goma: Esta casa foi construída pelo Reverendo Assumani entre 30 de maio de 2002 e junho de 2003. Custou cerca de 16.500 dólares. Os principais contribuintes foram: Philip e Deborah Betts, Congo Church Association, CMS, Reverendo Jérémie (Reino Unido), Reverendo John (Chicago), Reverendo Malcolm, Monsenhor Masimango, Reverendo Mbusa e contribuições locais. Tinha 6 quartos, 2 casas de banho, uma grande sala de estar, uma sala de jantar e duas varandas. ᵉA casa será em breve utilizada como sede do bispado da diocese de Goma e será inaugurada a 20 de novembro de 2016 com a consagração do bispo Désiré Mukanirwa Kadorho.

A família Betts doou instrumentos musicais à igreja paroquial de Saint Paul em Goma, à Radio Sauti ya Injili em Goma, à catedral de Saint Pierre em Bukavu, à catedral de Saint André em Butembo, à catedral de Saint Pierre em Kinshasa e à catedral de Kindu.

Muitos estudantes anglicanos beneficiaram também de bolsas de estudo Philip Betts para formação no CCLK (Centre Chrétien du Lac Kivu, que forma evangelistas durante um ano). São provenientes de todas as dioceses da EAC. Um estudante de teologia da Diocese de Butembo recebeu uma bolsa para estudar na Universidade Anglicana do Congo (UAC) em Bunia.

Cerca de uma centena de servos anglicanos receberam formação em Missão, Evangelismo, Discipulado e Desenvolvimento no Centro. Alguns são sacerdotes ou Coordenadores Diocesanos e Paroquiais no Gabinete de Evangelismo, com um grande impacto na plantação de igrejas em áreas rurais e urbanas e na proclamação das Boas Novas de Jesus Cristo.

Até hoje, a família Betts apoia financeiramente a rádio sauti ya injili em Goma, o CCLK em

Goma, a Diocese de Kindu, as viúvas da Igreja Anglicana do Congo em Goma e o projeto para raparigas e mulheres dirigido pelo Reverendo Désiré Mukanirwa Kadhoro em Goma.

A contribuição de outros empresários cristãos congoleses é igualmente digna de registo:

Em Beni, a Sra. Bonabana, esposa de um súbdito grego, construiu a igreja paroquial de Saint Jean de Kasabinyole, sob a direção do Reverendo Balinda, em 1980.

Em Butembo, o Sr. Chuma, que mais tarde foi nomeado Cónego da Catedral de Santo André em Butembo, construiu este edifício com a ajuda de outros empresários locais, sob a supervisão do Cónego Kabonabe, então Arquidiácono de Butembo, em .....

Em Kamango, o Sr. Baliesima Albert, atualmente deputado nacional, e a sua esposa Mama Marthe Vjra, juntamente com outros homens de boa vontade, construíram o bispado da Diocese de Kamango em 2015.

10. Visitas dos Arcebispos de Cantuária à Província da Igreja Anglicana do Congo

10.1. Visita de Sua Graça Robert Runcie a Bukavu

Sua Graça Robert Runcie, Arcebispo de Cantuária, chegou à Diocese de Bukavu a 11 de maio de 1980 para inaugurar a primeira província francófona em África, denominada *Província da Igreja Anglicana do Burundi, Ruanda e '/.a'ire (PBRZ)*.

erDurante a sua estadia em Bukavu, o Arcebispo de Cantuária presidiu às cerimónias de entronização do primeiro Arcebispo desta nova Província, D. Ndahura Bezaleri, Bispo de Bukavu. Foi assistido por Sua Graça Silvanus Wani, Arcebispo da Igreja do Uganda, que assim concedeu autonomia à nova província francófona, que tinha permanecido sob a jurisdição da Igreja do Uganda durante 84 anos.

10.2. Sua Graça Rowan Williams visita Bunia e Boga

Sua Graça Rowan Williams, Arcebispo de Canterbury, chegou a Bunia na sexta-feira, 24 de junho de 2011, para uma visita pastoral de 4 dias à Igreja Anglicana na República Democrática do Congo. Para além de apreciar o trabalho de Apolo Kivebulaya, um pioneiro da Igreja Anglicana no Congo, perguntou sobre o trabalho inspirador da Igreja, ajudando os indivíduos e a comunidade a reconstruir as suas vidas após o trauma de anos de conflito.

Enquanto lá esteve, o Dr. Williams teve oportunidade de se encontrar com um grupo de jovens que tinham sido raptados da escola para se juntarem às milícias, mas que tinham sido devolvidos às suas famílias graças a uma organização da Igreja Anglicana chamada "AGAPE", que tinha transformado as suas vidas através da fé e da compaixão. Os seus testemunhos pessoais mostram claramente que a sua prioridade, na realidade, era completar os estudos. Muitos deles pediam para voltar à escola secundária, apesar de serem agora mais velhos do que os seus colegas de turma.

Em 25 de junho de 2011, o Arcebispo de Cantuária fez uma viagem de ida e volta de Bunia a Boga. Sua Graça o Arcebispo foi recebido pelo chefe local e pela população local. Depois do culto e da celebração na Catedral de Santo Apolo , encontrou-se com mais de uma centena de pessoas locais .

de habitantes locais, incluindo pigmeus, que vieram contar a sua expulsão da floresta que consideravam a sua casa. Já viviam no limbo há dois anos, sem verem o mínimo sinal de que a sua deslocação estava a chegar ao fim.

No jardim da catedral, o Dr. Williams tinha falado com um grupo de mulheres que tinham sofrido gravemente com as atrocidades perpetradas pelas milícias, o que tinha levado à estigmatização e ao isolamento das suas famílias e de toda a comunidade. A Igreja Anglicana tinha respondido à violência sexual endémica contra as mulheres criando uma associação de mulheres. Trabalhando em colaboração com a União das Mães

(*União das Mães*), esta associação luta contra a violência e a estigmatização. Presta igualmente assistência prática, ajudando as mulheres a chegar ao centro de saúde mais próximo no prazo de 72 horas após a agressão, a fim de receberem tratamento preventivo do VIH.

O domingo 26 de junho de 2011 foi reservado para o culto dominical em Bunia.

Comentando a visita, Sua Graça Henri Isingoma, Arcebispo da Província da Igreja Anglicana do Congo, afirmou: "A vossa visita reforçou as relações fraternas entre a Província Anglicana do

Congo e as outras províncias da Comunhão Anglicana. Entre nós, dizemos que "o verdadeiro amigo é aquele que vemos nos momentos de aflição". Para o povo congolês, Vossa Santidade é um irmão, devido à sua solicitude pastoral para connosco, como um pai espiritual".

No final da sua visita, o Dr. Williams disse: "O que tive a oportunidade de ver do trabalho da Igreja Anglicana no Congo foi muito comovente e inspirador. Esta é uma Igreja que está a fazer uma diferença real para pessoas muito feridas e vulneráveis numa sociedade emergente que ainda é precária, emergindo de um período de terrível trauma coletivo. Eles precisam de ser encorajados e apoiados - mas nós precisamos ainda mais da sua visão e compaixão.

O Arcebispo de Cantuária deixou Bunia na segunda-feira, 27 de junho de 2011, com destino a Londres.

10.3. A visita de Sua Graça Justin Welby a Goma

Sua Graça Justin Welby visitou a República Democrática do Congo em fevereiro de 2014, no âmbito do Programa de Paz dos Grandes Lagos. Trata-se de uma iniciativa ecuménica da Igreja Anglicana e da Igreja Católica Romana do Burundi, da República Democrática do Congo e do Ruanda, apoiada em particular por Caford e Peace One Day.

Sua Graça Justin Welby, Arcebispo de Cantuária, chegou à República Democrática do Congo a 3 de fevereiro de 2014, acompanhado pela sua esposa Caroline Welby, no âmbito da sua viagem missionária pelos países dos Grandes Lagos. Tinha acabado de efetuar visitas semelhantes ao Sudão do Sul, Ruanda e Burundi, passando pelo Uganda.

Em Goma, foi recebido na grande barreira da fronteira com o Ruanda por Sua Graça Henri Isingoma Kahwa, Arcebispo da Província da Igreja Anglicana do Congo/Kinshasa e Congo/Brazzaville, e por Mons. Bahati Bali-Busane, Bispo da Diocese de Bukavu, bem como pelo Vigário Geral da Diocese Católica de Goma, rodeado pelo clero e pelos fiéis das confissões religiosas locais.

Depois de um breve descanso no Hotel Ihusi, em Goma, dirigiu-se à paróquia anglicana de S. Paulo, em Goma, para um serviço de ação de graças. A cerimónia contou com a presença de um grande número de cristãos e de líderes da Igreja Católica e de várias denominações   protestantes de Goma   .
reconciliação". A sua mensagem foi bem recebida pela congregação, porque era apropriada para o momento em que o povo de Goma (Gomatraciens) precisava de consolação e exortação bíblica, especialmente porque tinha acabado de passar alguns anos muito difíceis sob as bombas, assassinatos e traumas agudos causados pela guerra do Movimento 23 de março (M23).

Durante a sua estada de três dias na cidade turística de Goma, o Arcebispo Justin Welby encontrou-se com vários grupos da população para discutir a situação   de guerra que se vivia   atualmente   no Kivu   do Norte   .
O programa do Arcebispo era o seguinte:
-   Em 3 de fevereiro de 2014, encontrou-se com o Arcebispo Isingoma para discutir a situação da Igreja Anglicana na RD Congo e a crise eclesiológica na comunhão anglicana mundial. Congo e sobre a crise eclesiológica no seio da comunhão anglicana mundial;
-   4 de fevereiro de 2014, das 8:00   às 10:00 horas: Os   líderes   das denominações
    O Arcebispo de Cantuária encontrou-se também com vários líderes religiosos que lhe falaram dos problemas causados pelas repetidas guerras no leste da República Democrática do Congo. Pediram o apoio do Arcebispo de Cantuária nos seus esforços para alcançar a paz;
-   No dia 4 de fevereiro de 2014, precisamente às 10 horas da manhã da mesma quarta-feira, o Arcebispo foi recebido pelo Sr. Julien Paluku Kahongya no gabinete do Governador da Província do Kivu Norte.
    Às 11 horas da manhã, o Arcebispo visitou as pessoas deslocadas no campo de Mugunga, onde viu com os seus próprios olhos a sua miséria. Depois de rezar por eles, prometeu o seu apoio, empenhando-se na procura da paz no país.
    Na noite do mesmo dia, o Arcebispo participou numa receção organizada em sua honra

pelo Arcebispo da Província da Igreja Anglicana do Congo (PEAC) no Hotel Ihusi em Goma. Foram também convidadas numerosas autoridades políticas, administrativas e religiosas, incluindo o Governador do Kivu Norte.

Em 5 de fevereiro de 2014, o Arcebispo Justin Welby juntou-se ao Embaixador Britânico na RD Congo. Congo. Juntos, visitaram doentes e mulheres vítimas de violência sexual no hospital Heal Africa antes de deixarem Goma à tarde.

A visita do Arcebispo Justin Welby foi tão importante que esclareceu qualquer confusão na mente das pessoas que não estavam familiarizadas com a Igreja Anglicana. De igual modo, a sua pregação sobre um tema difícil, depois da guerra e do ódio, trouxe algumas almas de volta ao arrependimento para uma coexistência pacífica. Os cristãos anglicanos da RDC ficaram encantados por poderem comungar com o pai espiritual da comunhão anglicana.

11. As resoluções do oitavo Sínodo Provincial da Igreja Anglicana do Congo, realizado em fevereiro de 2016 em Bunia/Muhito

A título informativo, selecionámos algumas resoluções do VIII Sínodo Provincial que consideramos importantes. Incluímos os seus números tal como aparecem nas Actas do Sínodo.

3. O Sínodo decide que o Arcebispo eleito continua a ser o Bispo da sua Diocese, tal como especificado na Constituição da EAC (revista). A sede nacional da EAC continua estabelecida em Kinshasa, tal como estipulado na Constituição da EAC, secção 2, artigo 2.

6. O Sínodo adopta a constituição revista da EAC e compromete-se a respeitá-la.

8. O Sínodo mandata o Arcebispo para nomear, com o acordo do Colégio dos Bispos, um Chanceler Nacional da EAC, para a gestão dos processos judiciais e a representação legal.

12. O Sínodo aprovou a demissão do Arcebispo e decidiu que o Colégio dos Bispos deveria ser convocado dentro de três meses para eleger o novo Arcebispo da EAC.

13. A Igreja Anglicana do Congo mantém o seu ensino doutrinal baseado na Bíblia, contra todas as correntes teológicas não ortodoxas.

14. No que diz respeito à criação de novas dioceses e de dioceses missionárias, o Sínodo decide
   a. **Goma**: aceita que a Diocese de Bukavu organize em breve o sínodo eletivo para a Diocese de Goma.
   b. **Brazzaville**: concordou que Brazzaville deveria ser erigida como diocese missionária para a difusão do Evangelho.
   c. **Kananga**: decidiu aguardar o relatório da Diocese de Mbuji-Mayi sobre os dois Kasaïs, que será apresentado ao próximo colégio da EAC para decidir sobre o assunto.
   d. **Kalemie**: decidiu aguardar o relatório da Diocese de Katanga, no final do seu próximo sínodo diocesano, antes de tomar uma decisão sobre a questão.
   e. **Kinshasa**: Uma vez que Kinshasa já é uma diocese nos termos da Constituição, o Sínodo apela à realização de um sínodo diocesano eletivo em Kinshasa, num futuro muito próximo, para eleger um bispo diocesano.
   f. **Béni**: aceita o pedido de criação da Diocese de Béni e pede à Diocese do Kivu do Norte que organize a eleição do Bispo no seu sínodo ordinário de 2018.

19. O Sínodo decide retirar o mapa da RDC e o emblema da EAC, uma vez que a missão ultrapassa as fronteiras.

21. °O Sínodo nomeia o Venerável Etsa Lombomba Richard, Coordenador Nacional das Escolas da Aliança Protestante/11 CAC.

Estas resoluções estão 90 por cento concluídas no momento em que entregamos o manuscrito desta obra à imprensa.

CONCLUSÃO GERAL

A Igreja Anglicana do Congo, que começou como um grão de mostarda no solo congolês, não fazia ideia de que um dia se tornaria numa árvore gigante (Mat 13,31). Fundada pelos catequistas ugandeses, dos quais Apolo Kivebulaya (1896-1933) continua a ser a figura de proa, manteve-se firme contra todas as adversidades com os meios de que dispunha, com particular ênfase na evangelização. Isto prova que esta é de facto a Igreja de Deus, onde o Espírito Santo está a trabalhar e a fé viva está em marcha.

Durante o período depois de Apolo Kivebulaya (1933-1960), a Igreja ficou sob a direção dos missionários brancos da CMS/Inglaterra, que tomaram conta do trabalho em expansão em Mboga. Nessa altura, foi dada especial ênfase à formação de servos de Deus e de outros catequistas para consolidar o trabalho iniciado por Apolo Kivebulaya.

Este período foi marcado por três acontecimentos importantes: a chegada dos missionários brancos a Mboga, a promoção no ministério pastoral e a liberdade de culto para todos, decretada aquando da independência do Congo.

Além disso, quando o Congo adquiriu a soberania nacional e internacional, a Igreja Anglicana do Congo ficou sob a responsabilidade dos dirigentes congoleses, embora permanecendo sob a jurisdição eclesiástica do Uganda. Obteve o seu estatuto civil do governo congolês, com o nome de : [er] Eglise *anglicane congolaise* e os seus representantes legais foram nomeados pelo mesmo decreto presidencial de 1 de dezembro de 1960.

A Igreja Anglicana, que há muito operava em Mboga (1894-1960), deixou gradualmente a sua terra natal após a independência do Congo e chegou aos outros grandes centros e cidades do país. Expandiu-se rapidamente por grandes áreas num tempo recorde.

No âmbito da sua expansão, foram descobertas outras igrejas anglicanas autónomas, que chegaram ao Congo por outras vias que não Boga: Katanga, Kivu do Norte, Kinshasa, Mahagi e Aru, Congo-Brazzaville. Esta foi uma oportunidade para integrar todos na Igreja Anglicana, que tinha chegado através de Mboga.

A Igreja viu-se então confrontada com a falta de pessoal formado para acompanhar os novos membros, especialmente os provenientes de outras igrejas e seitas que professam doutrinas diversas; com recursos financeiros insuficientes, etc. A EAC não desistiu perante estas dificuldades reais. A EAC não desistiu perante estas dificuldades bem reais. Tem procurado continuamente superá-las com a graça de Deus.

No que diz respeito ao culto, todos os documentos litúrgicos eram escritos na língua Lunyoro. À medida que a Igreja se expandia, estes documentos foram traduzidos primeiro para suaíli, depois para lingala e, por fim, para tshiluba.

A EAC, consciente da sua vocação para a evangelização integral da Igreja, tinha organizado vários departamentos de desenvolvimento a nível diocesano e provincial.

A Igreja do Uganda, que se tornou ela própria uma província eclesiástica autónoma em 1961, cedeu cada vez mais responsabilidades à Igreja congolesa, nomeadamente através da criação da Arquidiocese, da Diocese e do Conselho Francófono. Os três países francófonos recuperaram a sua autonomia em relação à Igreja do Uganda e formaram a província eclesiástica autónoma francófona do Burundi, Ruanda e Zaire (PBRZ). A Igreja Anglicana do Zaire tornou-se finalmente uma província eclesiástica autónoma: La Province de L'Eglise Anglicane du Zaïre (PEAZ), que conduziu a Igreja ao seu centenário (1896-1996).

A chamada guerra de libertação conduzida pelas forças da AFDL (1996-1997), seguida de uma outra guerra conduzida pelo RCD (1998), não deixou de desestabilizar a Igreja: registaram-se refugiados, perdas de vidas humanas, destruição perversa das infra-estruturas da Igreja, etc. Uma outra guerra inter-tribal, tão atroz como a primeira, eclodiu em Ituri entre os Lendu e os Hema (2001-2003) e causou os mesmos danos.

Confrontada com enormes dificuldades de comunicação com o país e o estrangeiro em resultado da guerra, a EAC abriu um gabinete de ligação em Kampala em 1997 para coordenar as actividades das dioceses anglicanas da RDC.

A evangelização não parou. Continuou o seu caminho apesar de muitas vicissitudes. Outras dioceses foram criadas: Kindu (1997), Kinshasa (2003), Aru (2005), Kasai (2010), Kamango (2016), Goma (2016), Congo/Brazzaville (2016).

No seu desenvolvimento constante, as obras evangélicas do PEAC/RDC atravessaram a fronteira com a República do Congo/Brazzaville em 1997.

Interessada pela recomendação de Apolo, no seu leito de doente em 1933, de ver a evangelização que iniciou em Mboga atravessar a floresta equatorial e chegar ao outro extremo do Congo, a EAC fez seu este sonho e levou a Boa Nova até à foz do rio Congo, em Moanda /Banana (2005), no oeste da RD Congo.

A fim de proporcionar um quadro de formação de qualidade para a Igreja, a EAC criou primeiro o Instituto Superior Teológico Anglicano, que mais tarde foi transformado na "Université Anglicane du Congo" (UAC), com várias faculdades até ao nível de licenciatura. O objetivo era satisfazer as necessidades não só da Igreja, mas também da comunidade local. Os primeiros doutores em teologia anglicanos congoleses do PEAC foram também formados e estão agora a assumir o comando das nossas instituições de ensino superior e universitário.

Tendo atingido a maturidade, a EAC recebeu a visita do Arcebispo de Canterbury, Rowan Williams, que veio apreciar, no terreno, o trabalho de Apolo Kivebulaya em Boga e consolar a população marcada por guerras e violências sem nome. Foi seguido, três anos mais tarde, por outro Arcebispo de Cantuária, Justin Welby, em Goma, para a abertura do Ano da Paz nos Países dos Grandes Lagos, com os seus pares da Igreja Católica da RDC, Burundi e Ruanda.

Apesar de algumas deficiências inerentes a todos os esforços humanos, o registo da atividade da Igreja Anglicana do Congo nos últimos 120 anos no domínio da evangelização na República Democrática do Congo e no Congo/Brazzaville é largamente positivo. A EAC está presente nas 11 antigas províncias da RDC. Embora o número de cristãos varie de uma região para outra, a maior concentração de anglicanos encontra-se no leste do país, onde a Igreja tem vindo a desenvolver-se desde há muito tempo. Tudo isto é prova de que aqueles que assumiram o testemunho de Apolo Kivebulaya o honraram com o seu trabalho assíduo no longo caminho de evangelização da RDC para a glória de Deus.

Quadro 1: Os missionários que trabalharam na Diocese de Katanga, suas funções e origens

N°	Nome	Estado civil	Nome da mulher	Nacionalidade	Função	Data de chegada	Data de partida
1.	Alfaiate Zabriskie	M		americano	Pasteur	1982	1984
2.	Ben	M		americano	Pasteur	1985	1989
3.	Timothy Naish	M		Britânico	Pasteur	1991	1992
4.	Claire	c		Britânico	Sec. Especial	1993	1996
5.	Dr. Ross	M		Britânico	Coordenador de saúde	1994	1997
6.	Sra. Sónia	c		Judeu	Coordenador de saúde	1994	1997
7.	Judith Acheson	c		Britânico	Nat. coord. JCA	2003	2011
8.	Rebeca	c		Britânico	Estagiário da BDC	2004	2004
9.	Johanna	c		Britânico	Estagiário U.M	2008	2009
10.	Eric	M	Sandra	Britânico	Coordenador de saúde	2005	2010
11.	Mike	M	Nancy	Britânico	Médico	-	-
12.	Ian Harvey	c		Britânico	Coord. Crianças de rua/ Centro Kimbilio	2009	2013
13.	Mull ensIan André	c		Britânico	Estagiário no centro Kimbilio	2015	2016

Missionário da Nova Zelândia: Dr. Carierons e Hilary (esposa) = Doutor

Tabela 2. Breve história e evolução do departamento de desenvolvimento e obras sociais da Igreja Anglicana do Congo (EAC): 1980-2016

Ano	Arcebispo	Personagens-chave ou apresentadores	Comentários e principais realizações
1980 1981	SaGrâce Ndahura Bezaleri	Folkets (Desenvolvimento)	Missionário americano baseado em Bukavu. **Algumas realizações**: a pescaria de Vitshumbi, no Kivu do Norte, e a serração de Fizi, no Kivu do Sul.
1982 2002	Sua Graça Njojo Byankya	MissNyakato Kabarole (Gabinete de Desenvolvimento Comunitário). Nyangoma Kabarole (Departamento Médico)	Com sede em Boga, é conhecida pela sua hospitalidade e gestão transparente. Beneficiou do apoio consultivo e técnico de dois missionários britânicos: Tim Rous e Bill Crooks. **Alguns realizações**: projectos agro-pastoril, serração, transporte de pessoas e mercadorias. Com sede em Boga, é conhecida pela dedicação ao seu trabalho e pela sua credibilidade. Beneficiou do apoio técnico e consultivo da Sra. Pat Nickson, uma missionária britânica que desempenhou um papel importante na sua criação , a organização, a formação e o financiamento do Serviço Médico. O Departamento Médico é também marcado pelo trabalho efectuado pelos missionários Dr. Nigel P. , Sra. Christine D. (Cirurgião), Sr. Toulmin Graham
2003 2009	SaGrâce Dirokpa Balufuga Fidele	Sr. Mushamuka HamisiFidele (BDC)	Sediada em Bukavu e apoiada por Tammi Mott, Bill Crooks, Jacques Birugurugu, Robert Kilonzo e o Reverendo Martin Nguba. Reconhecida por...........................
2010 2016	SaGrâce Isingoma Kahwa Henri		**Principais realizações**: - **2003** em Kampala: planeamento estratégico do PEAC para o florescimento da evangelização e a promoção do Evangelho.

				obras sociais e desenvolvimento. - **2003-2004**: ajuda de emergência aos refugiados congoleses no Uganda que fugiam dos massacres de Ituri - 2007-2016: Popularização da abordagem ENP (Ensemble Nous Pouvons - Juntos Podemos), que se centra na mobilização da Igreja e da comunidade para efetuar uma transformação integral utilizando mais recursos locais. Realizado com o apoio financeiro e técnico da Episcopal Relief and Development e da Tearfund. - **2010-2016** : Com o apoio financeiro do ARDF (AnglicanRelief and Fundo de Desenvolvimento): construção de dois centros de paz em Butembo e Bukavu, duas escolas em Boga e Bukavu, um centro profissional de carpintaria em Aru e um orfanato em Butembo. Dois projectos agrícolas em Kasai e Katanga - **2012-2014** no Kivu do Sul: proteção ambiental através da reflorestação comunitária. Apoio financeiro da Tearfund - **2014-2015**: ajuda alimentar e não alimentar a centenas de deslocados que fogem dos massacres em Beni, a milhares de refugiados burundeses na RDC que fogem da violência, a centenas de vítimas das inundações em Kisangani e a centenas de pessoas afectadas pela cólera em Lubumbashi. Em especial, com o apoio financeiro da ERD (Episcopal Relief and Development), da Tearfund, da Anglican Aid e da Congo Church Association (CCA); - **2013-2016**: Programa de Paz dos Grandes Lagos (iniciativa ecuménica das Igrejas Anglicana e Católica do Burundi, da RDC e do Ruanda).

		MrBaliesima Kadukima Albert (Serviço Médico): 2003-2011	Apoiado em especial pela CAFOD e pela Peace one day. -**2013-2016**: projeto de telecomunicações (instalação de cibercafés em 9 dioceses e na Universidade Anglicana do Congo) com o apoio financeiro da Trinity Church Wall Street em Nova Iorque, **2014-2015** : Boga, Kivu Norte, Aru e Kivu Sul: projeto de prevenção e de luta contra a violência sexual e de género. Apoiado por TearfUnd e Episcopal Relief and Development. **2016**: participação no sínodo nacional na redação de dois importantes manuais: o manual de gestão administrativa e financeira (MAP AF) e o manual de mobilização de recursos. Reconhecido pela sua capacidade de mobilização de recursos e de diversificação das actividades sanitárias (para além da luta e da prevenção do VIH/SIDA, do abastecimento de água potável a certas comunidades, etc.), foi apoiado pelo Dr. Muliro, pelo Sr. Jean Claude Ngango Dirokpa e pelo Dr. Raymond Bombo, que lhe sucedeu. Foi apoiado pelo Dr. Muliro, pelo Sr. Jean Claude Ngango Dirokpa e pelo Dr. Raymond Bombo, que lhe sucedeu.

Quadro 3: Missionários da Church Missionary Society/Austrália enviados para a Igreja Anglicana do Zaire/República Democrática do Congo

NOMES	PERÍODO	LOCALIZAÇÃO	DEPARTAMENTO
David e Prudence Boyd	dezembro de 1986 julho de 1996	Bukavu	David: Educação teológica por extensão, Diretor da educação teológica, Ensino da Bíblia Prudência: Pastoral dos surdos no Centro para Deficientes, educação sanitária e nutricional, pastoral da mulher
	junho de 2014 atual	Bukavu	David: Ensino da Bíblia, pregação Prudence: Ministério dos surdos no Centro para Deficientes e no Hospital Geral
Brett e Raya Newell	Brett: março de 1987 - agosto de 1994 Raya:fevereiro 1988-agosto de 1994	Butembo	Brett: Diretor Médico Raya: Ministério para raparigas adolescentes, aulas de Bíblia e de costura, ligação com a Mission Aviation Fellowship
Margaret Lawry	junho de 1987 - novembro de 1994	Bukavu	Formação e seminários para pastores e líderes leigos da igreja, coordenador da CMSA
	junho de 1987 julho de 1990		Professor na Ecole Biblique, Capelão no Instituto de Técnicas Médicas
David Alsop		Boga	
Geoffet Narelle Stanbury	julho de 1987 julho de 1996	Bukavu	Geoff: Ensino da Bíblia por cassete Narelle: Ensino, ministério para mulheres
Graham e Wendy Toulmin	dezembro de 1987 fevereiro de 1992	Butembo	Graham: Serviço dentário no Serviço Médico Wendy: Administração, literacia
	agosto de 2015 - atual	Aru	Graham: Chefe da Secção de Medicina Dentária no Instituto Superior de Técnicas Médicas (ISTM) Wendy: Chefe da Administração da Secção Dentária e Gestora do Projeto de Investigação iSTM

Graham Toulmin efectuou 12 visitas privadas ao Zaire / RDC entre 1993 e 2014 para apoiar o Serviço Dentário.

Brain e Ruth Fagan	outubro de 1987 julho de 1996	Butembo	Brian: Construir casas para missionários, ensinar a Bíblia, pregar Ruth: Ministério das mulheres, alfabetização, ensinar a Bíblia
Malcolm e Elizabeth Richards	julho de 1988 julho de 1989	Bukavu	Ambos: Ajudar a desenvolver cursos para escolas bíblicas, ensino, ministério de jovens

	julho de 1989 junho de 1994	Goma	Ambos: Pastoral juvenil, evangelismo, conferências de pastores Malcolm: Arquidiácono adjunto (administração)
	setembro de 2005 - dezembro de 2010	Kmdu	Isabel: Ministério das mulheres (costura, ETE) Ambos: Estabelecer a Escola Bíblica de Beroya, ensino bíblico, conferências de pastores, seminários Malcolm: Diretor da educação teológica Elizabeth: Ensino sobre a cura de traumas
lhete Cristina Parafuso	Bi fevereiro de 1991 julho de 1996	Bukavu	Ambos: Formação e seminários para pastores e líderes leigos da igreja
teret Marie Dawson	Pe fevereiro dezembro de 1992	Bukavu	Ensino da Bíblia, confirmação
	dezembro de 1992 - novembro de 1996	Kmdu	Preparar a região de Maniema para se tornar uma nova Diocese
Maggie Crewes	novembro de 1992 - dezembro de 1998	Butembo	Enfermeira comunitária/parteira 1992-1994 Diretor do Departamento Médico 1994-1998
	agosto de 1999 dezembro de 2002	-K ampala (Uganda)	Gabinete de Ligação do Congo
Sue Jaggar	maio de 2007 junho de 2009	Kindu	Formação de professores da Escola Dominical, ensino na Escola Bíblica de Beroya

Curto prazo :

ouglas e Dado Burroughs	D junho - dezembro de 1990	! Bukavu	Construção de uma casa para os missionários
alcolmé Shelley Galbraith	M janeiro - outubro de 1991	Butembo	Malcolm: Construção, ministério da juventude Shelley: Ensino das crianças de Toulmin, alfabetização
Kathryn Seebohm	agosto de 1995 - julho de 1996	Butembo	Substituição de Maggie Crewes como Diretora Médica

O Arcebispo Dirokpa Balufuga Fideele é Arcebispo Emérito da Província Eclesiástica da Igreja Anglicana do Congo. Foi Bispo da Diocese de Bukavu (1982 - 2006) e o primeiro Bispo da Diocese de Kinshasa (2003 - 2009).

Antes de ser ordenado sacerdote em 1980, trabalhou em vários departamentos da função pública congolesa, tendo ocupado vários cargos até ao de diretor. [ee]Foi deputado nacional no Parlamento da 2 República (1975). Participou igualmente no Congresso do Mouvement Populaire de la Révolution (MPR) em Nsele, em 1990, que deu início ao multipartidarismo no Zaire, e foi membro da Conférence Nationale Souveraine (CNS) realizada em Kinshasa de 1991 a 1992.

Depois de obter um B.A. em Teologia e Estudos Pastorais no Oak Hill Theological College, Middlesex University, Londres, em 1995, o Bispo Dirokpa obteve o seu Doutoramento em Teologia (Ph.D.) na Universidade Laval, Cidade do Quebeque/Canadá (2001).

É igualmente diplomado pela Ecole Nationale des Services du Trésor em Paris/França (1964) e possui uma licenciatura em Francês - História pelo Institut Supérieur Pédagogique de Kisangani (1972).

A redação de "L'histoire de l'Eglise Anglicane du Congo" resulta do profundo desejo do autor de dotar a Igreja de uma obra capaz de chegar ao grande público.

Este livro não é apenas um relato dos acontecimentos que marcaram o estabelecimento da Igreja Anglicana no Congo, mas também uma fonte de conhecimento para todos os interessados no Anglicanismo.

Para além do seu valor documental, traça a história da Igreja Anglicana no Congo desde as suas origens até aos nossos dias. Merece ser lido e é um instrumento indispensável para os investigadores e todos aqueles que desejam enriquecer os seus conhecimentos.

www.ingramcontent.com/pod-product-compliance
Ingram Content Group UK Ltd.
Pitfield, Milton Keynes, MK11 3LW, UK
UKHW041937131224
452403UK00001B/207

9 786203 255676